MIKROWELLEN-REZEPTE 2022

VIELE LECKERE REZEPTE FÜR ANFÄNGER

ERNST CASIRAGO

Inhaltsverzeichnis

11

Brokkoli mit Cheese Supreme

Für 4–6 Portionen

450 g Brokkoli

60 ml/4 EL Wasser

5 ml/1 TL Salz

150 ml/¼ pt/2/3 Tasse Sauerrahm

125 g Cheddar- oder Jarlsberg-Käse, gerieben

1 Ei

5 ml/1 TL milder Senf

2,5 ml/½ TL Paprika

1,5 ml/¼ TL geriebene Muskatnuss

Brokkoli waschen, in kleine Röschen teilen und mit Wasser und Salz in eine tiefe Schüssel mit 20 cm Durchmesser geben. Mit Frischhaltefolie (Plastikfolie) abdecken und zweimal aufschlitzen, damit der Dampf entweichen kann. 12 Minuten auf Vollgas garen. Gründlich abtropfen lassen. Die restlichen Zutaten verquirlen und über den Brokkoli geben. Mit einem Teller abdecken und 3 Minuten auf Vollgas garen. 2 Minuten stehen lassen.

Guvetch

6–8 Portionen

Eine farbenprächtige und geschmacksintensive bulgarische Art von Ratatouille. Pur mit Reis, Nudeln oder Polenta oder als Beilage zu Eier-, Fleisch- und Geflügelgerichten servieren.

450 g französische oder kenianische (grüne) Bohnen, getoppt und mit Schwanz
4 Zwiebeln, sehr dünn geschnitten
3 Knoblauchzehen, zerdrückt
60 ml/4 EL Olivenöl
6 (Paprikaschoten) in gemischten Farben, entkernt und in Streifen geschnitten
6 Tomaten, blanchiert, enthäutet und gehackt
1 grüne Chili, entkernt und fein gehackt (optional)
10–15 ml/2–3 TL Salz
15 ml/1 EL Kristallzucker

Jede Bohne in drei Stücke schneiden. Die Zwiebeln und den Knoblauch mit dem Öl in eine 2,5-Liter-Schüssel geben. Zum Mischen gut umrühren. Ohne Deckel 4 Minuten auf Vollgas garen. Alle restlichen Zutaten einschließlich der Bohnen gründlich untermischen. Mit einem Teller abdecken und 20 Minuten auf Vollgas garen, dabei dreimal umrühren. Aufdecken und weitere 8–10 Minuten auf Vollgas garen, dabei viermal umrühren, bis der größte Teil der Flüssigkeit verdampft ist. Sofort servieren oder abkühlen lassen, abdecken und kühl stellen, wenn sie später gegessen werden sollen.

Selleriekäse mit Speck

Serviert 4

6 Scheiben (Scheiben) durchwachsener Speck

350 g Sellerie, gewürfelt

30 ml/2 EL kochendes Wasser

30 ml/2 EL Butter oder Margarine

30 ml/2 EL einfaches (Allzweck-)Mehl

300 ml/½ Pt/1¼ Tassen warme Vollmilch

5 ml/1 TL Senf aus englischer Herstellung

225 g/8 oz/2 Tassen Cheddar-Käse, gerieben

Salz und frisch gemahlener schwarzer Pfeffer

Paprika

Frittiertes (sautiertes) Brot zum Servieren

Den Speck auf einen Teller geben und mit Küchenpapier abdecken. 4–4½ Minuten auf voller Stufe garen, dabei den Teller einmal wenden. Das Fett abgießen, dann den Speck grob hacken. Legen Sie den Sellerie in eine separate Schüssel mit dem kochenden Wasser. Mit einem Teller abdecken und 10 Minuten lang auf voller Stufe garen, dabei die Schüssel zweimal wenden. Flüssigkeit abgießen und auffangen. Die Butter in eine 1,5-Liter-/2½-Pt-/6-Tassen-Schüssel

16

geben. Unbedeckt auf dem Auftauen 1–1½ Minuten schmelzen. Mehl einrühren und 1 Minute auf Vollgas kochen. Milch nach und nach einrühren. Ohne Deckel 4–5 Minuten auf Vollgas kochen, bis es glatt eindickt, dabei jede Minute umrühren. Selleriewasser, Sellerie, Speck, Senf und zwei Drittel des Käses untermischen. Nach Geschmack würzen. Gib die Mischung in eine saubere Schüssel. Den restlichen Käse darüber streuen und mit Paprikapulver bestäuben. Ohne Deckel 2 Minuten lang auf Vollgas erhitzen. Mit frittiertem Brot servieren.

Artischockenkäse mit Speck

Serviert 4

Zubereiten wie Selleriekäse mit Bacon, aber den Sellerie weglassen. 350 g Topinambur mit 15 ml/1 EL Zitronensaft und 90 ml/6 EL kochendem Wasser in eine Schüssel geben. Mit Frischhaltefolie (Plastikfolie) abdecken und zweimal aufschlitzen, damit der Dampf entweichen kann. 12–14 Minuten auf Vollgas garen, bis sie weich sind. Abgießen, dabei 45 ml/3 EL Wasser auffangen. Die Artischocken und das Wasser mit Senf, Speck und Käse in die Sauce geben.

Karelische Kartoffeln

Serviert 4

Ein Rezept aus Ostfinnland für Frühlingskartoffeln.

450 g/1 lb neue Kartoffeln, gewaschen, aber ungeschält
30 ml/2 EL kochendes Wasser
125 g/4 oz/½ Tasse Butter, bei Küchentemperatur
2 hart gekochte (hart gekochte) Eier, gehackt

Die Kartoffeln mit kochendem Wasser in eine 900-ml-Schüssel geben. Mit einem Teller abdecken und 11 Minuten lang auf voller Stufe garen, dabei zweimal umrühren. Währenddessen die Butter zu einer glatten Creme schlagen und die Eier unterrühren. Die Kartoffeln abgießen und die Eimischung unterrühren, solange die Kartoffeln noch sehr heiß sind. Sofort servieren.

Holländischer Kartoffel- und Gouda-Auflauf mit Tomaten

Serviert 4

Ein sättigender und wärmender vegetarischer Auflauf, der mit gekochtem grünem Gemüse oder einem knackigen Salat serviert werden kann.

750 g gekochte Kartoffeln, in dicke Scheiben geschnitten
3 große Tomaten, blanchiert, gehäutet und in dünne Scheiben geschnitten
1 große rote Zwiebel, grob gerieben
30 ml/2 EL fein gehackte Petersilie
175 g/6 oz/1½ Tassen Gouda-Käse, gerieben
Salz und frisch gemahlener schwarzer Pfeffer
30 ml/2 EL Speisestärke (Maisstärke)
30 ml/2 EL kalte Milch
150 ml/¼ Pt/2/3 Tasse heißes Wasser oder Gemüsebrühe
Paprika

Füllen Sie eine gebutterte 1,5-Liter-Schüssel mit 6 Tassen abwechselnd mit Kartoffeln, Tomaten, Zwiebeln, Petersilie und zwei Dritteln des Käses und streuen Sie Salz und Pfeffer zwischen die

19

Schichten. Die Maisstärke glatt mit der kalten Milch verrühren, dann nach und nach das heiße Wasser oder die Brühe einrühren. Gießen Sie die Seite der Schüssel herunter. Den restlichen Käse darüber streuen und mit Paprikapulver bestäuben. Mit Küchenpapier abdecken und 12–15 Minuten auf Vollgas erhitzen. Vor dem Servieren 5 Minuten stehen lassen.

Buttered and Fluffed Süßkartoffeln mit Sahne

Serviert 4

450 g süße Kartoffeln mit rosa Schale und gelbem Fleisch (keine Yamswurzeln), geschält und gewürfelt
60 ml/4 EL kochendes Wasser
45 ml/3 EL Butter oder Margarine
60 ml/4 EL Schlagsahne, erwärmt
Salz und frisch gemahlener schwarzer Pfeffer

Die Kartoffeln in eine 1,25-Liter-Schüssel geben. Fügen Sie das Wasser hinzu. Mit Frischhaltefolie (Plastikfolie) abdecken und zweimal aufschlitzen, damit der Dampf entweichen kann. 10 Minuten auf voller Stufe garen, dabei die Schüssel dreimal wenden. 3 Minuten stehen lassen. Abgießen und fein pürieren. Butter und Sahne kräftig unterschlagen. Nach Geschmack gut würzen. Auf eine Servierplatte geben, mit einem Teller abdecken und 1½ – 2 Minuten auf Vollgas erhitzen.

Serviert 4

*450 g süße Kartoffeln mit rosa Schale und gelbem Fleisch (keine
Yamswurzeln), geschält und gewürfelt
60 ml/4 EL kochendes Wasser
45 ml/3 EL Butter oder Margarine
45 ml/3 EL gehackte Petersilie*

Die Kartoffeln in eine 1,25-Liter-Schüssel geben. Fügen Sie das
Wasser hinzu. Mit Frischhaltefolie (Plastikfolie) abdecken und
zweimal aufschlitzen, damit der Dampf entweichen kann. 10 Minuten
auf voller Stufe garen, dabei die Schüssel dreimal wenden. 3 Minuten
stehen lassen, dann abtropfen lassen. Fügen Sie die Butter hinzu und
schwenken Sie sie, um die Kartoffeln zu bedecken, und bestreuen Sie
sie dann mit der Petersilie.

Rahmkartoffeln

Für 4–6 Portionen

Kartoffeln, die in der Mikrowelle gekocht werden, behalten ihren Geschmack und ihre Farbe und haben eine ausgezeichnete Textur. Ihre Nährstoffe bleiben erhalten, da die zum Kochen verwendete Wassermenge minimal ist. Es wird Kraftstoff gespart und es muss keine Pfanne gespült werden – Sie können die Kartoffeln sogar in einer eigenen Servierschüssel zubereiten. Kartoffeln möglichst dünn schälen, damit die Vitamine erhalten bleiben.

900 g geschälte Kartoffeln, in Stücke geschnitten
90 ml/6 EL kochendes Wasser
30–60 ml/2–4 EL Butter oder Margarine
90 ml/6 EL warme Milch
Salz und frisch gemahlener schwarzer Pfeffer

Geben Sie die Kartoffelstücke in einen 1,75 Liter/3 pt/7½ Tasse mit dem Wasser. Mit Frischhaltefolie (Plastikfolie) abdecken und zweimal aufschlitzen, damit der Dampf entweichen kann. 15–16 Minuten auf voller Stufe garen, dabei die Schüssel viermal wenden, bis sie weich ist. Wenn nötig abtropfen lassen, dann fein pürieren, Butter oder Margarine und Milch abwechselnd unterschlagen. Jahreszeit. Wenn es leicht und fluffig ist, mit einer Gabel aufrauen und unbedeckt 2–2½ Minuten lang auf Vollgas erhitzen.

Rahmkartoffeln mit Petersilie

Für 4–6 Portionen

Zubereitung wie Kartoffelbrei, jedoch 45–60 ml/3–4 EL gehackte Petersilie unter die Gewürzmischung mischen. Weitere 30 Sekunden erhitzen.

Rahmkartoffeln mit Käse

Für 4–6 Portionen

Zubereiten wie für Rahmkartoffeln, aber 125 g/4 oz/1 Tasse geriebenen Hartkäse mit den Gewürzen mischen. Nochmals 1½ Minuten erhitzen.

Ungarische Kartoffeln mit Paprika

Serviert 4

50 g/2 oz/¼ Tasse Margarine oder Schmalz
1 große Zwiebel, fein gehackt
750 g Kartoffeln, in kleine Stücke geschnitten
45 ml/3 EL getrocknete Pfefferflocken
10 ml/2 TL Paprika
5 ml/1 TL Salz
300 ml/½ pt/1¼ Tassen kochendes Wasser

Die Margarine oder das Schmalz in eine 1,75-Liter-Schüssel geben. Ohne Deckel 2 Minuten lang auf Vollgas erhitzen, bis es brutzelt. Fügen Sie die Zwiebel hinzu. Ohne Deckel 2 Minuten auf Vollgas garen. Kartoffeln, Pfefferflocken, Paprikapulver, Salz und kochendes Wasser unterrühren. Mit Frischhaltefolie (Plastikfolie) abdecken und zweimal aufschlitzen, damit der Dampf entweichen kann. 20 Minuten auf voller Stufe garen, dabei die Schüssel viermal wenden. 5 Minuten stehen lassen. Auf vorgewärmten Tellern anrichten und mit je 15 ml/1 EL Sauerrahm garnieren.

Dauphine-Kartoffeln

Serviert 6

Gratin Dauphinoise – eine der großen französischen Spezialitäten und ein Genusserlebnis. Mit einem Blattsalat oder gebackenen Tomaten oder als Beilage zu Fleisch, Geflügel, Fisch und Eiern servieren.

900 g festkochende Kartoffeln, sehr dünn geschnitten

1–2 Knoblauchzehen, zerdrückt

75 ml/5 EL geschmolzene Butter oder Margarine

175 g/6 oz/1½ Tassen Emmentaler oder Greyerzer (Schweizer) Käse
Salz und frisch gemahlener schwarzer Pfeffer
300 ml/½ Pt/1¼ Tassen Vollmilch
Paprika

Um die Kartoffeln weich zu machen, in eine große Schüssel geben und mit kochendem Wasser bedecken. 10 Minuten einwirken lassen, dann abtropfen lassen. Kombinieren Sie den Knoblauch mit der Butter oder Margarine. Eine tiefe Schüssel mit 25 cm Durchmesser buttern. Beginnen und enden Sie mit Kartoffeln, füllen Sie die Schüssel abwechselnd mit Kartoffelscheiben, zwei Dritteln des Käses und zwei Dritteln der Buttermischung und streuen Sie Salz und Pfeffer zwischen die Schichten. Gießen Sie die Milch vorsichtig an den Rand der Schüssel und streuen Sie dann den restlichen Käse und die Knoblauchbutter darüber. Mit Paprika bestreuen. Mit Frischhaltefolie (Plastikfolie) abdecken und zweimal aufschlitzen, damit der Dampf entweichen kann. 20 Minuten auf voller Stufe garen, dabei die Schüssel viermal wenden. Die Kartoffeln sollten leicht bissfest sein, wie Nudeln, aber wenn Sie sie weicher mögen, kochen Sie weitere 3–5 Minuten auf Vollständig. 5 Minuten stehen lassen, dann aufdecken und servieren.

Savoyer Kartoffeln

Serviert 6

Wie Dauphine-Kartoffeln zubereiten, aber die Milch durch Brühe oder halb Weißwein und halb Brühe ersetzen.

Château-Kartoffeln

Serviert 6

Wie Dauphine-Kartoffeln zubereiten, aber die Milch durch mittleren Apfelwein ersetzen.

Kartoffeln mit Mandel-Butter-Sauce

Für 4–5 Personen

450 g/1 lb neue Kartoffeln, ungeschält und geschrubbt
30 ml/2 EL Wasser
75 g/3 oz/1/3 Tasse ungesalzene (süße) Butter

75 g/3 oz/¾ Tasse Mandelblättchen, geröstet und zerbröselt

15 ml/1 EL frischer Limettensaft

Die Kartoffeln mit dem Wasser in eine 1,5-Liter-Schüssel geben. Mit Frischhaltefolie (Plastikfolie) abdecken und zweimal aufschlitzen, damit der Dampf entweichen kann. 11–12 Minuten auf Vollgas garen, bis sie weich sind. Während der Zubereitung der Sauce stehen lassen. Die Butter in einen Messbecher geben und ohne Deckel auf Auftauen 2–2½ Minuten schmelzen. Die restlichen Zutaten unterrühren. Mit den abgetropften Kartoffeln mischen und servieren.

Senf- und Limetten-Tomaten

Serviert 4

Eine frische Schärfe macht die Tomate als Beilage zu Lamm und Geflügel, aber auch zu Lachs und Makrele attraktiv.

4 große Tomaten, horizontal halbiert

Salz und frisch gemahlener schwarzer Pfeffer

5 ml/1 TL fein abgeriebene Limettenschale

30 ml/2 EL Vollkornsenf

Saft von 1 Limette

Stellen Sie die Tomaten im Kreis mit den Schnittseiten nach oben rund um den Rand eines großen Tellers. Mit Salz und Pfeffer bestreuen. Restliche Zutaten gut verrühren und über die Tomaten verteilen. Ohne Deckel 6 Minuten auf Vollgas garen, dabei den Teller dreimal wenden. 1 Minute stehen lassen.

Geschmorte Gurke

Serviert 4

1 Gurke, geschält

30 ml/2 EL Butter oder Margarine, Küchentemperatur

2,5–5 ml/½–1 TL Salz

30 ml/2 EL fein gehackte Petersilien- oder Korianderblätter (Koriander).

Gurke sehr dünn aufschneiden, 30 Minuten ziehen lassen, dann in einem sauberen Geschirrtuch (Spültuch) trocken auswringen. Butter oder Margarine in eine 1,25-Liter-Schüssel geben und ohne Deckel 1–1½ Minuten auftauen lassen. Gurke und Salz einrühren und vorsichtig schwenken, bis alles gut mit Butter überzogen ist. Mit einem Teller abdecken und 6 Minuten auf Vollgas garen, dabei zweimal umrühren. Petersilie oder Koriander aufdecken und unterrühren.

Geschmorte Gurke mit Pernod

Serviert 4

Wie geschmorte Gurke zubereiten, jedoch 15 ml/1 EL Pernod mit der Gurke zugeben.

Mark Espagnole

Serviert 4

Eine sommerliche Beilage zu Geflügel und Fisch.

15 ml/1 EL Olivenöl

1 große Zwiebel, geschält und gehackt

3 große Tomaten, blanchiert, enthäutet und gehackt

450 g/1 lb Mark (Kürbis), geschält und gewürfelt

15 ml/1 EL Majoran oder Oregano, gehackt

5 ml/1 TL Salz

Frisch gemahlener schwarzer Pfeffer

Erhitzen Sie das Öl in einer 1,75 Liter/3 pt/7½ Tassen Schüssel ohne Deckel 1 Minute lang auf Vollgas. Zwiebel und Tomaten unterrühren. Mit einem Teller abdecken und 3 Minuten auf Vollgas garen. Alle restlichen Zutaten mischen, mit Pfeffer abschmecken. Mit einem Teller abdecken und 8–9 Minuten auf Vollgas garen, bis das Mark weich ist. 3 Minuten stehen lassen.

Gratin von Zucchini und Tomaten

Serviert 4

3 Tomaten, blanchiert, gehäutet und grob gehackt

4 Zucchini (Zucchini), belegt, mit Schwanz und in dünne Scheiben geschnitten

1 Zwiebel, gehackt

15 ml/1 EL Malz- oder Reisessig

30 ml/2 EL gehackte glatte Petersilie

1 Knoblauchzehe, zerdrückt

Salz und frisch gemahlener schwarzer Pfeffer

75 ml/5 EL Cheddar- oder Emmentalerkäse, gerieben

Tomaten, Zucchini, Zwiebel, Essig, Petersilie und Knoblauch in eine tiefe Schüssel mit 20 cm Durchmesser geben. Nach Geschmack würzen und gut mischen. Mit Frischhaltefolie (Plastikfolie) abdecken und zweimal aufschlitzen, damit der Dampf entweichen kann. 15 Minuten auf voller Stufe garen, dabei die Schüssel dreimal wenden. Aufdecken und mit dem Käse bestreuen. Entweder konventionell unter dem Grill (Broiler) bräunen oder, um Zeit zu sparen, zurück in die Mikrowelle geben und 1–2 Minuten auf Vollgas erhitzen, bis der Käse Blasen wirft und schmilzt.

Für 4–5 Personen

8 Wacholderbeeren
30 ml/2 EL Butter oder Margarine
450 g/1 lb Zucchini (Zucchini), belegt, mit Schwanz und in dünne
Scheiben geschnitten
2,5 ml/½ TL Salz
30 ml/2 EL fein gehackte Petersilie

Die Wacholderbeeren mit dem Rücken eines Holzlöffels leicht zerdrücken. Butter oder Margarine in eine tiefe Schüssel mit 20 cm Durchmesser geben. Unbedeckt auf dem Auftauen 1–1½ Minuten schmelzen. Wacholderbeeren, Zucchini und Salz untermischen und gleichmäßig auf dem Boden der Form verteilen. Mit Frischhaltefolie (Plastikfolie) abdecken und zweimal aufschlitzen, damit der Dampf entweichen kann. 10 Minuten auf voller Stufe garen, dabei die Schüssel viermal wenden. 2 Minuten stehen lassen. Aufdecken und mit der Petersilie bestreuen.

Serviert 4

Chinesische Blätter, eine Kreuzung in Textur und Geschmack zwischen Weißkohl und festem Salat, ergeben ein sehr ansprechendes gekochtes Gemüse und werden durch die Zugabe von Pernod, das einen zarten und subtilen Hauch von Anis hinzufügt, stark verbessert.

675 g chinesische Blätter, zerkleinert
50 g Butter oder Margarine
15 ml/1 EL Pernod
2,5–5 ml/½–1 TL Salz

Die zerkleinerten Blätter in eine 2-Liter-Schüssel geben. In einer separaten Schüssel die Butter oder Margarine 2 Minuten lang auftauen lassen. Zum Kohl mit Pernod und Salz geben und vorsichtig mischen. Mit einem Teller abdecken und 12 Minuten auf Vollgas garen, dabei zweimal umrühren. Vor dem Servieren 5 Minuten stehen lassen.

Serviert 4

450 g frische Sojasprossen

10 ml/2 TL dunkle Sojasauce

5 ml/1 TL Worcestersauce

5 ml/1 TL Zwiebelsalz

Alle Zutaten zusammen in eine große Rührschüssel geben. In eine tiefe Auflaufform mit 20 cm Durchmesser (Dutch Oven) geben. Mit einem Teller abdecken und 5 Minuten auf Vollgas garen. 2 Minuten stehen lassen, dann umrühren und servieren.

Für 4–6 Portionen

50 g Butter oder Margarine

450 g Karotten, geraspelt

1 Zwiebel, gerieben

15 ml/1 EL frischer Orangensaft

5 ml/1 TL fein geriebene Orangenschale

5 ml/1 TL Salz

Butter oder Margarine in eine tiefe Schüssel mit 20 cm Durchmesser geben. Unbedeckt schmelzen, auftauen für 1½ Minuten. Alle restlichen Zutaten einrühren und gründlich vermischen. Mit Frischhaltefolie (Plastikfolie) abdecken und zweimal aufschlitzen, damit der Dampf entweichen kann. 15 Minuten auf voller Stufe garen, dabei die Schüssel zweimal wenden. Vor dem Servieren 2–3 Minuten stehen lassen.

Geschmorter Chicorée

Serviert 4

*Eine ungewöhnliche Gemüsebeilage, die leicht nach Spargel schmeckt.
Zu Eier- und Geflügelgerichten servieren.*

4 Köpfe Chicorée (Belgischer Chicorée)

30 ml/2 EL Butter oder Margarine

1 Gemüsebrühwürfel

15 ml/1 EL kochendes Wasser

2,5 ml/½ TL Zwiebelsalz

30 ml/2 EL Zitronensaft

Schneiden Sie den Chicorée ab und entfernen Sie alle gequetschten oder beschädigten äußeren Blätter. Entfernen Sie jeweils einen kegelförmigen Kern von der Basis, um die Bitterkeit zu reduzieren. Den Chicorée in 1,5 cm/½ dicke Scheiben schneiden und in eine 1,25 Liter/2¼ Pt/5½ Tasse große Auflaufform (Dutch Oven) geben. Butter oder Margarine separat 1½ Minuten lang auftauen lassen. Über den Chicorée gießen. Brühwürfel in das kochende Wasser zerbröseln, dann Salz und Zitronensaft hinzugeben. Über den Chicorée geben. Mit Frischhaltefolie (Plastikfolie) abdecken und zweimal aufschlitzen, damit der Dampf entweichen kann. 9 Minuten auf Vollgas garen, dabei die Schüssel dreimal wenden. Lassen Sie es 1 Minute stehen, bevor Sie es mit den Säften aus der Schüssel servieren.

Serviert 4

Ein intensiv orangefarbenes Karottengericht, das für Fleischeintöpfe und Wild bestimmt ist.

450 g Karotten, in dünne Scheiben geschnitten

60 ml/4 EL kochendes Wasser

30 ml/2 EL Butter

1,5 ml/¼ TL Kurkuma

5 ml/1 TL fein abgeriebene Limettenschale

Die Karotten mit dem kochenden Wasser in eine 1,25-Liter-Schüssel geben. Mit Frischhaltefolie (Plastikfolie) abdecken und zweimal aufschlitzen, damit der Dampf entweichen kann. 9 Minuten auf Vollgas garen, dabei die Schüssel dreimal wenden. 2 Minuten stehen lassen. Abfluss. Butter, Kurkuma und Limettenschale sofort unterheben. Gleich essen.

Fenchel im Sherry

Serviert 4

900 g Fenchel

50 g Butter oder Margarine

2,5 ml/½ TL Salz

7,5 ml/1½ TL französischer Senf

30 ml/2 EL halbtrockener Sherry

2,5 ml/½ TL getrockneter oder 5 ml/1 TL gehackter frischer Estragon

Fenchel waschen und trocknen. Verwerfen Sie alle braunen Bereiche, aber lassen Sie auf den "Fingern" und grünen Wedeln. Butter oder Margarine ohne Deckel 1½ – 2 Minuten auf dem Auftauen schmelzen. Die restlichen Zutaten vorsichtig unterschlagen. Jeden Fenchelkopf vierteln und in eine tiefe Schüssel mit 25 cm Durchmesser geben. Mit der Buttermischung bestreichen. Mit einem Teller abdecken und 20

Minuten lang auf voller Stufe garen, dabei die Schüssel viermal wenden. Vor dem Servieren 7 Minuten stehen lassen.

Weingeschmorter Lauch mit Schinken

Serviert 4

5 schmale Lauchstangen, insgesamt etwa 450 g
30 ml/2 EL Butter oder Margarine, Küchentemperatur
225 g/8 oz/2 Tassen gekochter Schinken, gehackt
60 ml/4 EL Rotwein
Salz und frisch gemahlener schwarzer Pfeffer

Schneiden Sie die Barthaarenden des Lauchs ab und schneiden Sie dann bis auf 10 cm/4 Zoll den grünen „Rock" von jedem ab. Den Lauch vorsichtig der Länge nach fast bis zur Spitze halbieren. Gründlich zwischen den Blättern unter fließendem kaltem Wasser waschen, um Erde oder Splitt zu entfernen. Butter oder Margarine in eine 25 x 20 cm große Schüssel geben. Auftauen für 1–1½ Minuten schmelzen, dann den Boden und die Seiten damit bestreichen. Ordnen

Sie den Lauch in einer einzigen Schicht auf dem Boden an. Mit Schinken und Wein beträufeln und würzen. Mit Frischhaltefolie (Plastikfolie) abdecken und zweimal aufschlitzen, damit der Dampf entweichen kann. 15 Minuten auf voller Stufe garen, dabei die Schüssel zweimal wenden. 5 Minuten stehen lassen.

Geschmorter Lauch

Serviert 4

5 schmale Lauchstangen, insgesamt etwa 450 g
30 ml/2 EL Butter oder Margarine
60 ml/4 EL Gemüsebrühe
Salz und frisch gemahlener schwarzer Pfeffer

Schneiden Sie die Barthaarenden des Lauchs ab und schneiden Sie dann bis auf 10 cm/4 Zoll den grünen „Rock" von jedem ab. Den Lauch vorsichtig der Länge nach fast bis zur Spitze halbieren. Gründlich zwischen den Blättern unter fließendem kaltem Wasser waschen, um Erde oder Splitt zu entfernen. In 1,5 cm/½ dicke Scheiben schneiden. In eine 1,75-Liter-Auflaufform (Dutch Oven) geben. In einer separaten Schüssel die Butter oder Margarine 1½

Minuten lang auftauen lassen. Brühe hinzugeben und gut abschmecken. Lauch über den Lauch geben. Mit einem Teller abdecken und 10 Minuten auf Vollgas garen, dabei zweimal umrühren.

Geschmorter Sellerie

Serviert 4

Zubereiten wie für geschmorten Lauch, aber den Lauch durch 450 g gewaschenen Sellerie ersetzen. Wenn Sie möchten, fügen Sie eine kleine gehackte Zwiebel hinzu und kochen Sie weitere 1½ Minuten.

Mit Fleisch gefüllte Paprika

Serviert 4

4 grüne (Paprikaschoten).
30 ml/2 EL Butter oder Margarine
1 Zwiebel, fein gehackt
225 g/8 oz/2 Tassen mageres Hackfleisch (Hackfleisch).
30 ml/2 EL Langkornreis
5 ml/1 TL getrocknete gemischte Kräuter
5 ml/1 TL Salz
120 ml/4 fl oz/¼ Tasse heißes Wasser

Den Deckel der Paprika abschneiden und aufbewahren. Entsorgen Sie die inneren Fasern und Samen jeder Paprika. Schneiden Sie ein dünnes Stück von jeder Basis ab, damit sie aufrecht stehen, ohne umzukippen.

Butter oder Margarine in eine Schüssel geben und 1 Minute auf Vollgas erhitzen. Fügen Sie die Zwiebel hinzu. Ohne Deckel 3 Minuten auf Vollgas garen. Das Fleisch untermischen und mit einer Gabel zerteilen. Ohne Deckel 3 Minuten auf Vollgas garen. Reis, Kräuter, Salz und 60 ml/4 EL Wasser unterrühren. Die Mischung in die Paprikaschoten geben. Aufrecht und dicht beieinander in einer sauberen, tiefen Schale anrichten. Setzen Sie die Deckel wieder auf und gießen Sie das restliche Wasser in die Schüssel um die Paprika für die Soße. Mit Frischhaltefolie (Plastikfolie) abdecken und zweimal aufschlitzen, damit der Dampf entweichen kann. 15 Minuten auf voller Stufe garen, dabei die Schüssel zweimal wenden. Vor dem Servieren 10 Minuten stehen lassen.

Mit Fleisch gefüllte Paprika mit Tomate

Serviert 4

Bereiten Sie die Zubereitung wie für die mit Fleisch gefüllten Paprikaschoten vor, ersetzen Sie das Wasser jedoch durch Tomatensaft, der mit 10 ml/2 TL Kristallzucker gesüßt ist.

Mit Pute gefüllte Paprikaschoten mit Zitrone und Thymian

Serviert 4

Zubereiten wie mit Fleisch gefüllte Paprikaschoten, aber gehacktes (gemahlenes) Putenfleisch durch das Rindfleisch und 2,5 ml/½ TL Thymian durch die gemischten Kräuter ersetzen. 5 ml/1 TL fein abgeriebene Zitronenschale zugeben.

Serviert 6

Alltäglich in Polen und Russland, wo Pilze auf jedem Tisch einen Ehrenplatz einnehmen. Mit neuen Kartoffeln und gekochten Eiern essen.

30 ml/2 EL Butter oder Margarine

450 g Champignons

30 ml/2 EL Speisestärke (Maisstärke)

30 ml/2 EL kaltes Wasser

300 ml/½ Pt/1¼ Tassen Sauerrahm

10 ml/2 TL Salz

Butter oder Margarine in eine tiefe 2,25-Liter-Schüssel geben. Unbedeckt schmelzen, auftauen für 1½ Minuten. Pilze untermischen. Mit einem Teller abdecken und 5 Minuten auf Vollgas garen, dabei zweimal umrühren. Maizena mit dem Wasser glatt rühren und Sahne unterrühren. Vorsichtig in die Pilze einrühren. Wie zuvor zudecken und 7–8 Minuten auf Vollgas kochen, dabei dreimal umrühren, bis es dickflüssig und cremig ist. Salz unterheben und sofort essen.

Paprika-Pilze

dient 6

Zubereiten wie Rahmpilze nach polnischer Art, aber vor dem Schmelzen 1 zerdrückte Knoblauchzehe zur Butter oder Margarine geben. Je 15 ml/1 EL Tomatenpüree (Paste) und Paprika mit den Pilzen mischen. Mit kleinen Nudeln servieren.

Curry-Pilze

dient 6

Zubereiten wie Rahmpilze nach polnischer Art, jedoch vor dem Schmelzen 15–30 ml/1–2 EL milde Currypaste und eine zerdrückte

Knoblauchzehe zur Butter oder Margarine geben. Die Sahne durch dicken Naturjoghurt ersetzen und 10 ml/2 TL Kristallzucker mit dem Salz unterheben. Mit Reis servieren.

Linsen-Dhal

6–7 Portionen

Dieses Linsen-Dhal mit seinen Wurzeln in Indien ist unverwechselbar orientalisch und mit unzähligen Gewürzen aromatisiert. Es kann entweder als Beilage zu Currys oder allein mit Reis als nahrhafte und vollständige Mahlzeit serviert werden.

50 g Ghee, Butter oder Margarine

4 Zwiebeln, gehackt

1–2 Knoblauchzehen, zerdrückt

225 g/8 oz/11/3 Tassen Orangenlinsen, gründlich abgespült

5 ml/1 TL Kurkuma

5 ml/1 TL Paprika

2,5 ml/½ TL gemahlener Ingwer

20 ml/4 TL Garam Masala

1,5 ml/¼ TL Cayennepfeffer

Samen von 4 grünen Kardamomkapseln

15 ml/1 EL Tomatenpüree (Paste)

750 ml/1¼ pts/3 Tassen kochendes Wasser

7,5 ml/1½ TL Salz

Gehackte Korianderblätter (Koriander) zum Garnieren

Ghee, Butter oder Margarine in eine 1,75-Liter-Auflaufform (Dutch Oven) geben. Ohne Deckel 1 Minute lang auf Vollgas erhitzen. Zwiebeln und Knoblauch untermischen. Mit einem Teller abdecken und 3 Minuten auf Vollgas garen. Alle restlichen Zutaten einrühren. Mit einem Teller abdecken und 15 Minuten lang auf voller Stufe garen, dabei viermal umrühren. 3 Minuten stehen lassen. Wenn es für den persönlichen Geschmack zu dick ist, mit etwas extra kochendem Wasser verdünnen. Mit einer Gabel auflockern und mit Koriander garniert servieren.

Dhal mit Zwiebeln und Tomaten

6–7 Portionen

3 Zwiebeln

50 g Ghee, Butter oder Margarine

1–2 Knoblauchzehen, zerdrückt

225 g/8 oz/11/3 Tassen Orangenlinsen, gründlich abgespült

3 Tomaten, blanchiert, enthäutet und gehackt

5 ml/1 TL Kurkuma

5 ml/1 TL Paprika

2,5 ml/½ TL gemahlener Ingwer

20 ml/4 TL Garam Masala

1,5 ml/¼ TL Cayennepfeffer

Samen von 4 grünen Kardamomkapseln

15 ml/1 EL Tomatenpüree (Paste)

750 ml/1¼ pts/3 Tassen kochendes Wasser

7,5 ml/1½ TL Salz

1 große Zwiebel, in dünne Scheiben geschnitten

10 ml/2 TL Sonnenblumen- oder Maisöl

1 Zwiebel in dünne Scheiben schneiden und den Rest hacken. Ghee, Butter oder Margarine in eine 1,75-Liter-Auflaufform (Dutch Oven) geben. Ohne Deckel 1 Minute lang auf Vollgas erhitzen. Gehackte Zwiebeln und Knoblauch untermischen. Mit einem Teller abdecken und 3 Minuten auf Vollgas garen. Alle restlichen Zutaten unterrühren. Mit einem Teller abdecken und 15 Minuten auf Vollgas garen, dabei viermal umrühren. 3 Minuten stehen lassen. Wenn es für den persönlichen Geschmack zu dick ist, mit etwas extra kochendem Wasser verdünnen. Die in Scheiben geschnittene Zwiebel in Ringe teilen und auf herkömmliche Weise im Öl braten (sautieren), bis sie leicht golden und knusprig sind. Den Dhal mit einer Gabel auflockern, bevor er mit den Zwiebelringen garniert serviert wird. (Alternativ die geschnittene Zwiebel weglassen und stattdessen mit fertig zubereiteten Röstzwiebeln aus dem Supermarkt garnieren.)

Gemüse-Madras

Serviert 4

25 g/1 oz/2 EL Ghee oder 15 ml/1 EL Erdnussöl

1 Zwiebel, geschält und gehackt

1 Lauch, geputzt und gehackt

2 Knoblauchzehen, zerdrückt

15 ml/1 EL scharfes Currypulver

5 ml/1 TL gemahlener Kreuzkümmel

5 ml/1 TL Garam Masala

2,5 ml/½ TL Kurkuma

Saft von 1 kleinen Zitrone

150 ml/¼ Pt/2/3 Tasse Gemüsebrühe

30 ml/2 EL Tomatenpüree (Paste)

30 ml/2 EL geröstete Cashewnüsse

450 g gemischtes gekochtes Wurzelgemüse, gewürfelt

175 g brauner Reis, gekocht

Popadoms, zu dienen

Geben Sie das Ghee oder Öl in eine 2,5-Liter-/4½-Pt-/11-Tassen-Schüssel. Ohne Deckel 1 Minute lang auf Vollgas erhitzen. Zwiebel, Lauch und Knoblauch hinzugeben und gründlich untermischen. Ohne Deckel 3 Minuten auf Vollgas garen. Currypulver, Kreuzkümmel, Garam Masala, Kurkuma und Zitronensaft dazugeben. Kochen Sie ohne Deckel 3 Minuten lang auf Vollgas und rühren Sie zweimal um. Brühe, Tomatenpüree und Cashewnüsse dazugeben. Mit einem umgedrehten Teller abdecken und 5 Minuten auf Vollgas garen. Das Gemüse unterrühren. Wie zuvor abdecken und 4 Minuten auf Vollgas erhitzen. Mit braunem Reis und Papadams servieren.

Serviert 6

1,6 kg gemischtes Gemüse, wie rote oder grüne Paprika; Zucchini (Zucchini); ungeschälte Auberginen (Auberginen); Möhren; Kartoffeln; Rosenkohl oder Brokkoli; Zwiebeln; Lauch

30 ml/2 EL Erdnuss- (Erdnuss-) oder Maisöl

2 Knoblauchzehen, zerdrückt

60 ml/4 EL Tomatenpüree (Paste)

45 ml/3 EL Garam Masala

30 ml/2 EL Currypulver mild, mittel oder scharf

5 ml/1 TL gemahlener Koriander (Koriander)

5 ml/1 TL gemahlener Kreuzkümmel

15 ml/1 EL Salz

1 großes Lorbeerblatt

400 g/14 oz/1 große Dose gehackte Tomaten

15 ml/1 EL Kristallzucker

150 ml/¼ pt/2/3 Tasse kochendes Wasser

250 g/9 oz/großzügig 1 Tasse Basmati- oder Langkornreis, gekocht

Dicker Naturjoghurt zum Servieren

Bereiten Sie das gesamte Gemüse je nach Sorte vor. In kleine Würfel schneiden oder gegebenenfalls in Scheiben schneiden. In eine 2,75 Liter/5 pt/12 Tassen tiefe Schüssel geben. Alle restlichen Zutaten bis auf das kochende Wasser und den Reis untermischen. Mit einem großen Teller abdecken und 25–30 Minuten auf Vollgas garen, dabei viermal umrühren, bis das Gemüse zart, aber noch bissfest ist. Das Lorbeerblatt entfernen, mit dem Wasser pürieren und mit den Gewürzen abschmecken – das Curry braucht eventuell etwas mehr Salz. Mit dem Reis und einer Schüssel dickem Naturjoghurt servieren.

Gelee-Mediterraner Salat

Serviert 6

300 ml/½ Pt/1¼ Tassen kalte Gemüsebrühe oder Gemüsekochwasser

15 ml/1 EL gemahlene Gelatine

45 ml/3 EL Tomatensaft

45 ml/3 EL Rotwein

1 grüne (Paprika), entkernt und in Streifen geschnitten

2 Tomaten, blanchiert, enthäutet und gehackt

30 ml/2 EL abgetropfte Kapern

50 g /2 oz/¼ Tasse gehackte Gurken (Cornichons)

12 gefüllte Oliven, in Scheiben geschnitten

10 ml/2 TL Sardellensauce

45 ml/3 EL Brühe oder Gemüsekochwasser in eine Schüssel geben. Gelatine unterrühren. 5 Minuten stehen lassen, um weich zu werden. Unbedeckt auf dem Auftauen 2–2½ Minuten schmelzen. Restliche Brühe mit Tomatensaft und Wein angießen. Decken Sie es ab, wenn es kalt ist, und kühlen Sie es dann ab, bis es gerade anfängt zu verdicken und fest zu werden. Die Paprikastreifen in eine Schüssel geben und mit kochendem Wasser bedecken. 5 Minuten weich werden lassen, dann abtropfen lassen. Die Tomaten- und Paprikastreifen mit allen restlichen Zutaten in das Geliergelee rühren. Übertragen in eine 1,25 Liter/2¼ pt/5½ Tasse benetzte Geleeform oder ein Becken. Abdecken und mehrere Stunden kalt stellen, bis sie fest ist. Tauchen Sie zum Servieren die Form oder Schüssel in und aus einer Schüssel mit heißem Wasser, um sie zu lösen, und führen Sie dann ein heißes, nasses Messer vorsichtig um die Seiten. Vor dem Servieren auf einen angefeuchteten Teller stürzen. (Das Benetzen verhindert, dass das Gelee klebt.)

Gelierter griechischer Salat

Serviert 6

Zubereiten wie Gelee-Mittelmeersalat, aber Kapern und Gewürzgurken (Cornichons) weglassen. Fügen Sie 125 g/4 oz/1 Tasse fein gewürfelten Feta-Käse und 1 kleine gehackte Zwiebel hinzu. Gefüllte Oliven durch entsteinte (entsteinte) schwarze Oliven ersetzen.

Serviert 6

Zubereiten wie für Gelee-Mittelmeersalat, aber Tomatensaft und Wein durch 90 ml/6 EL Mayonnaise und Tomaten und (Paprika) durch 225 g/8 oz/2 Tassen gewürfelte Karotten und Kartoffeln ersetzen. 30 ml/2 EL gekochte Erbsen zugeben.

Kohlrabi-Salat mit Senf-Mayonnaise

Serviert 6

900 g Kohlrabi
75 ml/5 EL kochendes Wasser
5 ml/1 TL Salz
10 ml/2 TL Zitronensaft
60–120 ml/4–6 EL dicke Mayonnaise

10–20 ml/2–4 TL Vollkornsenf

In Scheiben geschnittene Radieschen zum Garnieren

Den Kohlrabi dick schälen, gut waschen und jeden Kopf in acht
Stücke schneiden. Mit Wasser, Salz und Zitronensaft in eine 1,25-
Liter-Schüssel geben. Mit Frischhaltefolie (Plastikfolie) abdecken und
zweimal aufschlitzen, damit der Dampf entweichen kann. 10–15
Minuten auf voller Stufe garen, dabei die Schüssel dreimal wenden,
bis sie weich ist. Abgießen und in Scheiben oder Würfel schneiden
und in eine Rührschüssel geben. Mayonnaise und Senf mischen und
die Kohlrabi in dieser Mischung wenden, bis die Stücke gründlich
bedeckt sind. Auf eine Servierplatte geben und mit den
Radieschenscheiben garnieren.

Rote-Bete-, Sellerie- und Apfelbecher

Serviert 6

60 ml/4 EL kaltes Wasser

15 ml/1 EL gemahlene Gelatine

225 ml/8 fl oz/1 Tasse Apfelsaft

30 ml/2 EL Himbeeressig

5 ml/1 TL Salz

225 g gekochte (nicht eingelegte) Rote Bete (Rote Beete), grob

gerieben

1 Ess- (Dessert-) Apfel, geschält und grob gerieben

1 Selleriestange, in dünne Streichhölzer geschnitten

1 kleine Zwiebel, gehackt

45 ml/3 EL des kalten Wassers in eine kleine Schüssel geben und die Gelatine einrühren. 5 Minuten stehen lassen, um weich zu werden. Unbedeckt auf dem Auftauen 2–2½ Minuten schmelzen. Restliches kaltes Wasser mit Apfelsaft, Essig und Salz unterrühren. Decken Sie es ab, wenn es kalt ist, und kühlen Sie es dann ab, bis es gerade anfängt zu verdicken und fest zu werden. Rote Beete, Apfel, Sellerie und Zwiebel zum halbfesten Gelee geben und vorsichtig umrühren, bis alles gut vermischt ist. In sechs kleine benetzte Tassen umfüllen, dann zudecken und kühlen, bis sie fest und fest sind. Auf einzelne Teller stürzen.

Schein-Waldorf-Becher

Serviert 6

Zubereitung wie Rote-Bete-, Sellerie- und Apfelbecher, jedoch 30 ml/2 EL gehackte Walnüsse zum Gemüse und Apfel geben.

Knollenselleriesalat mit Knoblauch, Mayonnaise und Pistazien

Serviert 6

900 g Knollensellerie (Selleriewurzel)
300 ml/½ pt/1¼ Tassen kaltes Wasser
15 ml/1 EL Zitronensaft
7,5 ml/1½ TL Salz
1 Knoblauchzehe, zerdrückt
45 ml/3 EL grob gehackte Pistazien
60–120 ml/4–8 EL dicke Mayonnaise
Radicchioblätter und ganze Pistazien zum Garnieren

Den Sellerie dick schälen, gut waschen und jeden Kopf in acht Stücke schneiden. Mit Wasser, Zitronensaft und Salz in eine 2,25-Liter-Schüssel geben. Mit Frischhaltefolie (Plastikfolie) abdecken und zweimal aufschlitzen, damit der Dampf entweichen kann. 20 Minuten auf voller Stufe garen, dabei die Schüssel viermal wenden. Abgießen und in Scheiben schneiden und in eine Rührschüssel geben. Fügen Sie den Knoblauch und die gehackten Pistazien hinzu. Noch warm mit der Mayonnaise schwenken, bis die Selleriestücke gut bedeckt sind. Transfer zu einer Servierplatte. Vor dem Servieren, möglichst noch leicht warm, mit Radicchioblättern und Pistazien garnieren.

Kontinentaler Selleriesalat

Serviert 4

Eine Zusammenstellung feiner und komplementärer Aromen macht dies zu einem geeigneten Weihnachtssalat, der zu kaltem Truthahn und Schinken passt.

750 g Knollensellerie (Selleriewurzel)

75 ml/5 EL kochendes Wasser

5 ml/1 TL Salz

10 ml/2 TL Zitronensaft

Für das Dressing:

30 ml/2 EL Mais- oder Sonnenblumenöl

15 ml/1 EL Malz- oder Apfelessig

15 ml/1 EL hergestellter Senf

2,5–5 ml/½–1 TL Kümmel

1,5 ml/¼ TL TL Salz

5 ml/1 TL Streuzucker (superfeiner) Zucker

Frisch gemahlener schwarzer Pfeffer

Den Sellerie dick schälen und in kleine Würfel schneiden. In eine 1,75-Liter-Schüssel geben. Kochendes Wasser, Salz und Zitronensaft hinzugeben. Mit Frischhaltefolie (Plastikfolie) abdecken und zweimal aufschlitzen, damit der Dampf entweichen kann. 10–15 Minuten auf voller Stufe garen, dabei die Schüssel dreimal wenden, bis sie weich ist. Abfluss. Alle restlichen Zutaten gründlich miteinander verquirlen.

Zum heißen Sellerie geben und gründlich durchschwenken. Abdecken und abkühlen lassen. Bei Zimmertemperatur servieren.

Serviert 4

Bereiten Sie ihn wie den kontinentalen Knollensellerie-Salat vor, fügen Sie jedoch gleichzeitig mit dem Dressing 4 Scheiben Speck, knusprig gegrillt (gegrillt) und zerbröselt hinzu.

Artischockensalat mit Paprika und Eiern in warmem Dressing

Serviert 6

400 g/14 oz/1 große Dose Artischockenherzen, abgetropft

400 g/14 oz/1 große Dose rote Pimientos, abgetropft

10 ml/2 TL Rotweinessig

60 ml/4 EL Zitronensaft

125 ml/4 fl oz/½ Tasse Olivenöl

1 Knoblauchzehe, zerdrückt

5 ml/1 TL kontinentaler Senf

5 ml/1 TL Salz

5 ml/1 TL Streuzucker (superfeiner) Zucker

4 große hart gekochte (hart gekochte) Eier, geschält und gerieben

225 g/8 oz/2 Tassen Feta-Käse, gewürfelt

Die Artischocken halbieren und die Pimientos in Streifen schneiden. Abwechselnd auf einem großen Teller anrichten, in der Mitte eine Mulde lassen. Essig, Zitronensaft, Öl, Knoblauch, Senf, Salz und Zucker in eine kleine Schüssel geben. Ohne Deckel 1 Minute lang auf Vollgas erhitzen und zweimal schlagen. Stapeln Sie die Eier und den Käse in einem Hügel in der Mitte des Salats und löffeln Sie vorsichtig das warme Dressing darüber.

Ergibt 225–275 g/8–10 oz/11/3–12/3 Tassen

Für Schweinefleisch.

25 g/1 oz/2 EL Butter oder Margarine

2 Zwiebeln, vorgekocht (siehe Tabelle Seite 45), gehackt

125 g/4 oz/2 Tassen weiße oder braune Semmelbrösel

5 ml/1 TL getrockneter Salbei

Etwas Wasser oder Milch

Salz und frisch gemahlener schwarzer Pfeffer

Butter oder Margarine in eine 1-Liter-Schüssel geben. Ohne Deckel 1 Minute lang auf Vollgas erhitzen. Zwiebeln unterrühren. Ohne Deckel 3 Minuten auf Vollgas kochen, dabei jede Minute umrühren. Semmelbrösel und Salbei sowie so viel Wasser oder Milch untermischen, dass eine krümelige Konsistenz entsteht. Nach Geschmack würzen. Kalt verwenden.

Ergibt 225–275 g/8–10 oz/11/3–12/3 Tassen

Für Fisch und Geflügel.

Wie Salbei-Zwiebel-Füllung zubereiten, aber die Zwiebeln durch 2 fein gehackte Stangensellerie ersetzen. Vor dem Würzen 10 ml/2 TL grünes Pesto unterrühren.

Ergibt 225–275 g/8–10 oz/11/3–12/3 Tassen

Für Fleisch und Geflügel.

25 g/1 oz/2 EL Butter oder Margarine
2 Porree, nur der weiße Teil, in sehr dünne Scheiben geschnitten
2 Tomaten, blanchiert, enthäutet und gehackt
125 g/4 oz/2 Tassen frische weiße Semmelbrösel
Salz und frisch gemahlener schwarzer Pfeffer
Hühnerbrühe ggf

Butter oder Margarine in eine 1-Liter-Schüssel geben. Ohne Deckel 1 Minute lang auf Vollgas erhitzen. Lauch unterrühren. Ohne Deckel 3 Minuten auf Vollgas kochen, dabei dreimal umrühren. Tomaten und Semmelbrösel untermischen und abschmecken. Bei Bedarf mit Stock binden. Kalt verwenden.

Speckfüllung

Ergibt 225–275 g/8–10 oz/11/3–12/3 Tassen

Für Fleisch, Geflügel und kräftigen Fisch.

4 Scheiben Speck durchwachsen, in kleine Stücke geschnitten
25 g/1 oz/2 EL Butter, Margarine oder Schmalz
125 g/4 oz/2 Tassen frische weiße Semmelbrösel
5 ml/1 TL Worcestersauce
5 ml/1 TL hergestellter Senf
2,5 ml/½ TL getrocknete gemischte Kräuter
Salz und frisch gemahlener schwarzer Pfeffer
Milch, ggf

Den Speck mit der Butter, Margarine oder dem Schmalz in eine 1-Liter-Schüssel geben. Ohne Deckel 2 Minuten auf voller Stufe garen, dabei einmal umrühren. Semmelbrösel, Worcestersauce, Senf und Kräuter untermischen und abschmecken. Bei Bedarf mit Milch binden.

Speck- und Aprikosenfüllung

Ergibt 225–275 g/8–10 oz/11/3–12/3 Tassen

Für Geflügel und Wild

Zubereiten wie Speckfüllung, jedoch 6 gut gewaschene und grob gehackte Aprikosenhälften mit den Kräutern dazugeben.

Pilz-, Zitronen- und Thymianfüllung

Ergibt 225–275 g/8–10 oz/11/3–12/3 Tassen

Für Geflügel.

25 g/1 oz/2 EL Butter oder Margarine
125 g Champignons, in Scheiben geschnitten
5 ml/1 TL fein abgeriebene Zitronenschale
2,5 ml/½ TL getrockneter Thymian
1 Knoblauchzehe, zerdrückt
125 g/4 oz/2 Tassen frische weiße Semmelbrösel
Salz und frisch gemahlener schwarzer Pfeffer
Milch, ggf

Butter oder Margarine in eine 1-Liter-Schüssel geben. Ohne Deckel 1 Minute lang auf Vollgas erhitzen. Pilze unterrühren. Kochen Sie ohne Deckel 3 Minuten lang auf Vollgas und rühren Sie zweimal um. Zitronenschale, Thymian, Knoblauch und Semmelbrösel untermischen und abschmecken. Nur mit Milch binden, wenn die Füllung auf der trockenen Seite bleibt. Kalt verwenden.

Pilz-Lauch-Füllung

Ergibt 225–275 g/8–10 oz/11/3–12/3 Tassen

Für Geflügel, Gemüse und Fisch.

25 g/1 oz/2 EL Butter oder Margarine
1 Lauch, nur der weiße Teil, sehr dünn geschnitten
125 g Champignons, in Scheiben geschnitten
125 g/4 oz/2 Tassen frische braune Semmelbrösel
30 ml/2 EL gehackte Petersilie
Salz und frisch gemahlener schwarzer Pfeffer
Milch, ggf

Butter oder Margarine in eine 1,25-Liter-Schüssel geben. Ohne Deckel 1 Minute lang auf Vollgas erhitzen. Lauch unterrühren. Ohne Deckel 2 Minuten auf voller Stufe garen, dabei einmal umrühren. Pilze untermischen. Ohne Deckel 2 Minuten lang auf voller Stufe kochen, dabei zweimal umrühren. Semmelbrösel und Petersilie untermischen und abschmecken. Nur mit Milch binden, wenn die Füllung auf der trockenen Seite bleibt. Kalt verwenden.

Schinken-Ananas-Füllung

Ergibt 225–275 g/8–10 oz/11/3–12/3 Tassen

Für Geflügel.

25 g/1 oz/2 EL Butter oder Margarine
1 Zwiebel, fein gehackt
1 frischer Ananasring, Haut entfernt und Fruchtfleisch gehackt
75 g gekochter Schinken, gehackt
125 g/4 oz/2 Tassen frische weiße Semmelbrösel
Salz und frisch gemahlener schwarzer Pfeffer

Butter oder Margarine in eine 1-Liter-Schüssel geben. Ohne Deckel 1 Minute lang auf Vollgas erhitzen. Zwiebel unterrühren. Ohne Deckel 2 Minuten auf voller Stufe garen, dabei einmal umrühren. Ananas und Schinken untermischen. Ohne Deckel 2 Minuten lang auf voller Stufe kochen, dabei zweimal umrühren. Semmelbrösel hineingeben und nach Geschmack würzen. Kalt verwenden.

Asiatische Pilz-Cashewnuss-Füllung

Ergibt 225–275 g/8–10 oz/11/3–12/3 Tassen

Für Geflügel und Fisch.

25 g/1 oz/2 EL Butter oder Margarine

6 Frühlingszwiebeln (Frühlingszwiebeln), gehackt

125 g Champignons, in Scheiben geschnitten

125 g/4 oz/2 Tassen frische braune Semmelbrösel

45 ml/3 EL Cashewnüsse, geröstet

30 ml/2 EL Korianderblätter (Koriander).

Salz und frisch gemahlener schwarzer Pfeffer

Sojasauce, ggf

Butter oder Margarine in eine 1,25-Liter-Schüssel geben. Ohne Deckel 1 Minute lang auf Vollgas erhitzen. Zwiebeln unterrühren. Ohne Deckel 2 Minuten auf voller Stufe garen, dabei einmal umrühren. Pilze untermischen. Ohne Deckel 2 Minuten lang auf voller Stufe kochen, dabei zweimal umrühren. Semmelbrösel, Cashewnüsse und Koriander untermischen und abschmecken. Mit Sojasauce nur binden, wenn die Füllung auf der trockenen Seite bleibt. Kalt verwenden.

Schinken- und Karottenfüllung

Ergibt 225–275 g/8–10 oz/11/3–12/3 Tassen

Für Geflügel, Lamm und Wild.

Zubereiten wie für die Schinken-Ananas-Füllung, aber die Ananas durch 2 geraspelte Karotten ersetzen.

Schinken-, Bananen- und Zuckermais-Füllung

Ergibt 225–275 g/8–10 oz/11/3–12/3 Tassen

Für Geflügel.

Zubereiten wie für die Schinken-Ananas-Füllung, aber die Ananas durch 1 kleine grob zerdrückte Banane ersetzen. 30 ml/2 EL Zuckermais (Mais) mit den Semmelbröseln dazugeben.

Italienische Füllung

Ergibt 225–275 g/8–10 oz/11/3–12/3 Tassen

Für Lamm, Geflügel und Fisch.

30 ml/2 EL Olivenöl

1 Knoblauchzehe

1 Selleriestange, fein gehackt

2 Tomaten, blanchiert, gehäutet und grob gehackt

12 entkernte schwarze Oliven, halbiert

10 ml/2 TL gehackte Basilikumblätter

*125 g/4 oz/2 Tassen frische Krümel aus italienischem Brot wie
Ciabatta*

Salz und frisch gemahlener schwarzer Pfeffer

Geben Sie das Olivenöl in eine 1-Liter-Schüssel. Ohne Deckel 1
Minute lang auf Vollgas erhitzen. Knoblauch und Sellerie unterrühren.
Ohne Deckel 2½ Minuten auf voller Stufe garen, dabei einmal
umrühren. Alle restlichen Zutaten untermischen. Kalt verwenden.

Ergibt 225–275 g/8–10 oz/1 1/3–1 2/3 Tassen

Für kräftigen Fisch und Geflügel.

Wie italienische Füllung zubereiten, aber die entkernten schwarzen Oliven durch halbierte gefüllte Oliven ersetzen. Verwenden Sie anstelle von Semmelbröseln aus italienischem Brot gewöhnliche weiße Semmelbrösel und fügen Sie 30 ml/2 EL gehobelte und geröstete Mandeln hinzu.

Orangen- und Korianderfüllung

Ergibt 175 g/6 oz/1 Tasse

Für Fleisch und Geflügel.

25 g/1 oz/2 EL Butter oder Margarine
1 kleine Zwiebel, fein gehackt
125 g/4 oz/2 Tassen frische weiße Semmelbrösel
Fein abgeriebene Schale und Saft von 1 Orange
45 ml/3 EL fein gehackte Korianderblätter (Koriander).
Salz und frisch gemahlener schwarzer Pfeffer
Milch, ggf

Butter oder Margarine in eine 1-Liter-Schüssel geben. Ohne Deckel 1 Minute lang auf Vollgas erhitzen. Zwiebel unterrühren. Ohne Deckel 3 Minuten auf voller Stufe garen, dabei einmal umrühren. Brösel, Orangenschale und -saft sowie Koriander (Koriander) untermischen und abschmecken. Nur mit Milch binden, wenn die Füllung auf der trockenen Seite bleibt. Kalt verwenden.

Limetten-Koriander-Füllung

Ergibt 175 g/6 oz/1 Tasse

Für Fisch.

Wie für die Orangen-Koriander-Füllung zubereiten, aber die Orange durch die abgeriebene Schale und den Saft einer Limette ersetzen.

Orangen- und Aprikosenfüllung

Ergibt 275 g/10 oz/12/3 Tassen

Für kräftiges Fleisch und Geflügel.

125 g getrocknete Aprikosen, gewaschen
Warmer schwarzer Tee
25 g/1 oz/2 EL Butter oder Margarine
1 kleine Zwiebel, gehackt
5 ml/1 TL fein geriebene Orangenschale
Saft von 1 Orange
125 g/4 oz/2 Tassen frische weiße Semmelbrösel
Salz und frisch gemahlener schwarzer Pfeffer

Die Aprikosen mindestens 2 Stunden in warmem Tee einweichen. Abtropfen lassen und mit einer Schere in kleine Stücke schneiden. Butter oder Margarine in eine 1,25-Liter-Schüssel geben. Ohne Deckel 1 Minute lang auf Vollgas erhitzen. Fügen Sie die Zwiebel hinzu. Ohne Deckel 2 Minuten auf voller Stufe garen, dabei einmal umrühren. Alle restlichen Zutaten einschließlich der Aprikosen untermischen. Kalt verwenden.

Apfel-, Rosinen- und Walnussfüllung

Ergibt 275 g/10 oz/12/3 Tassen

Für Schweinefleisch, Lamm, Ente und Gans.

25 g/1 oz/2 EL Butter oder Margarine

1 Essapfel (Dessert), geschält, geviertelt, entkernt und gehackt

1 kleine Zwiebel, gehackt

30 ml/2 EL Rosinen

30 ml/2 EL gehackte Walnüsse

5 ml/1 TL Streuzucker (superfeiner) Zucker

125 g/4 oz/2 Tassen frische weiße Semmelbrösel

Salz und frisch gemahlener schwarzer Pfeffer

Butter oder Margarine in eine 1,25-Liter-Schüssel geben. Ohne Deckel 1 Minute lang auf Vollgas erhitzen. Apfel und Zwiebel unterrühren. Ohne Deckel 2 Minuten auf voller Stufe garen, dabei einmal umrühren. Alle restlichen Zutaten untermischen. Kalt verwenden.

Füllung aus Äpfeln, Pflaumen und Paranüssen

Ergibt 275 g/10 oz/1 2/3 Tassen

Für Lamm und Pute.

Zubereitung wie Apfel-, Rosinen- und Walnussfüllung, aber ersetzen Sie die Rosinen durch 8 entkernte und gehackte Pflaumen und die Walnüsse durch 30 ml/2 EL dünn geschnittene Paranüsse.

Apfel-, Dattel- und Haselnussfüllung

Ergibt 275 g/10 oz/1 2/3 Tassen

Für Lamm und Wild.

Zubereiten wie Apfel-, Rosinen- und Walnussfüllung, jedoch 45 ml/3 EL gehackte Datteln durch die Rosinen und 30 ml/2 EL geröstete und gehackte Haselnüsse durch die Walnüsse ersetzen.

Ergibt 175 g/6 oz/1 Tasse

Für Lamm und Schwein.

25 g/1 oz/2 EL Butter oder Margarine
2 Knoblauchzehen, zerdrückt
Abgeriebene Schale von 1 kleinen Zitrone
5 ml/1 TL getrockneter Rosmarin, zerdrückt
15 ml/1 EL gehackte Petersilie
125 g/4 oz/2 Tassen frische weiße oder braune Semmelbrösel
Salz und frisch gemahlener schwarzer Pfeffer
Bei Bedarf Milch oder trockener Rotwein

Butter oder Margarine in eine 1-Liter-Schüssel geben. Ohne Deckel 1 Minute lang auf Vollgas erhitzen. Knoblauch und Zitronenschale unterrühren. Unbedeckt 30 Sekunden lang auf Vollgas erhitzen. Rund mischen und Rosmarin, Petersilie und Semmelbrösel unterrühren. Nach Geschmack würzen. Nur mit Milch oder Wein binden, wenn die Füllung auf der trockenen Seite bleibt. Kalt verwenden.

Knoblauch-, Rosmarin- und Zitronenfüllung mit Parmesankäse

Ergibt 175 g/6 oz/1 Tasse.

Für Rindfleisch.

Wie Knoblauch-Rosmarin-Zitronen-Füllung zubereiten, jedoch 45 ml/3 EL geriebenen Parmesankäse mit den Semmelbröseln hinzufügen.

Meeresfrüchte-Füllung

Ergibt 275 g/10 oz/12/3 Tassen

Für Fisch und Gemüse.

25 g/1 oz/2 EL Butter oder Margarine

125 g/4 oz/1 Tasse ganze geschälte Garnelen (Garnelen)

5 ml/1 TL fein abgeriebene Zitronenschale

125 g/4 oz/2 Tassen frische weiße Semmelbrösel

1 Ei, geschlagen

Salz und frisch gemahlener schwarzer Pfeffer

Milch, ggf

Butter oder Margarine in eine 1-Liter-Schüssel geben. Ohne Deckel 1 Minute lang auf Vollgas erhitzen. Garnelen, Zitronenschale, Semmelbrösel und Ei unterrühren und abschmecken. Nur mit Milch binden, wenn die Füllung auf der trockenen Seite bleibt. Kalt verwenden.

Ergibt 275 g/10 oz/12/3 Tassen

Für Geflügel.

Wie für die Meeresfrüchtefüllung zubereiten, aber die Garnelen (Garnelen) durch 75 g/3 oz/¾ Tasse grob gehackten Parmaschinken ersetzen.

Ergibt 275 g/10 oz/12/3 Tassen

Für Geflügel und Schweinefleisch.

25 g/1 oz/2 EL Butter oder Margarine

225 g/8 oz/1 Tasse Schweine- oder Rinderwurst

1 kleine Zwiebel, gerieben

30 ml/2 EL fein gehackte Petersilie

2,5 ml/½ TL Senfpulver

1 Ei, geschlagen

Butter oder Margarine in eine 1-Liter-Schüssel geben. Ohne Deckel 1 Minute lang auf Vollgas erhitzen. Hackfleisch und Zwiebel untermischen. Ohne Deckel 4 Minuten lang auf Vollgas kochen, dabei jede Minute umrühren, um sicherzustellen, dass das Wurstfleisch gründlich zerkleinert wird. Alle restlichen Zutaten untermischen. Kalt verwenden.

Wurstfleisch und Leberfüllung

Ergibt 275 g/10 oz/12/3 Tassen

Für Geflügel.

Zubereiten wie bei Wurstfleischfüllung, aber das Wurstfleisch auf 175 g/6 oz/¾ Tasse reduzieren. Fügen Sie 50 g/2 oz/½ Tasse grob gehackte Hühnerleber mit dem Wurstfleisch und der Zwiebel hinzu.

Wurstfleisch- und Maisfüllung

Ergibt 275 g/10 oz/12/3 Tassen

Für Geflügel.

Zubereitung wie Wurstfleischfüllung, jedoch am Ende der Garzeit 30–45 ml/2–3 EL gekochter Mais unterrühren.

Wurstfleisch und Orangenfüllung

Ergibt 275 g/10 oz/12/3 Tassen

Für Geflügel.

Zubereitung wie Wurstfleischfüllung, jedoch am Ende der Garzeit 5–10 ml/1–2 TL fein geriebene Orangenschale zugeben

Ergibt 350 g/12 oz/2 Tassen

Für Geflügel.

*125 g/4 oz/1 Tasse getrocknete Kastanien, über Nacht in Wasser
eingeweicht, dann abgetropft*

25 g/1 oz/2 EL Butter oder Margarine

1 kleine Zwiebel, gerieben

1,5 ml/¼ TL gemahlene Muskatnuss

125 g/4 oz/2 Tassen frische braune Semmelbrösel

5 ml/1 TL Salz

1 großes Ei, geschlagen

15 ml/1 EL doppelte (schwere) Sahne

Die Kastanien in eine 1,25-Liter-Auflaufform (Dutch Oven) geben und
mit kochendem Wasser bedecken. 5 Minuten stehen lassen. Mit
Frischhaltefolie (Plastikfolie) abdecken und zweimal aufschlitzen,
damit der Dampf entweichen kann. 30 Minuten auf Vollgas garen, bis
die Kastanien weich sind. Abgießen und abkühlen lassen. In kleine
Stücke zerbrechen. Butter oder Margarine in eine 1,25-Liter-Schüssel
geben. Ohne Deckel 1 Minute lang auf Vollgas erhitzen. Fügen Sie die
Zwiebel hinzu. Ohne Deckel 2 Minuten auf voller Stufe garen, dabei
einmal umrühren. Kastanien, Muskatnuss, Semmelbrösel, Salz und Ei
untermischen. Zusammen mit der Creme binden. Kalt verwenden.

Kastanien- und Cranberry-Füllung

Ergibt 350 g/12 oz/2 Tassen

Für Geflügel.

Wie Kastanienfüllung mit Ei zubereiten, jedoch statt Ei die Füllung mit 30–45 ml/2–3 EL Preiselbeersauce binden. Etwas Sahne hinzugeben, falls die Füllung auf der trockenen Seite bleibt.

Cremige Kastanienfüllung

Ergibt 900 g/2 lb/5 Tassen

Für Geflügel und Fisch.

50 g/2 oz/¼ Tasse Butter, Margarine oder Specktropfen
1 Zwiebel, gerieben
500 g ungesüßtes Kastanienpüree aus der Dose
225 g/8 oz/4 Tassen frische weiße Semmelbrösel
Salz und frisch gemahlener schwarzer Pfeffer
2 Eier, geschlagen
Milch, ggf

Butter, Margarine oder Bratensaft in eine 1¾-Liter-/3-Pt-/7½-Tassen-Schale geben. Ohne Deckel 1½ Minuten auf Vollgas erhitzen. Fügen Sie die Zwiebel hinzu. Ohne Deckel 2 Minuten auf voller Stufe garen, dabei einmal umrühren. Kastanienpüree, Semmelbrösel, Salz und Pfeffer nach Geschmack und die Eier gründlich untermischen. Nur mit

Milch binden, wenn die Füllung auf der trockenen Seite bleibt. Kalt verwenden.

Cremige Kastanien- und Wurstfüllung

Ergibt 900 g/2 lb/5 Tassen

Für Geflügel und Wild.

Bereiten Sie die Zubereitung wie für die cremige Kastanienfüllung vor, ersetzen Sie die Hälfte des Kastanienpürees jedoch durch 250 g/9 oz/großzügige 1 Tasse Wurstfleisch.

Cremige Kastanienfüllung mit ganzen Kastanien

Ergibt 900 g/2 lb/5 Tassen

Für Geflügel.

Zubereiten wie Kastaniencremefüllung, aber 12 gekochte und zerkleinerte Kastanien mit den Semmelbröseln hinzufügen.

Kastanienfüllung mit Petersilie und Thymian

Ergibt 675 g/1½ lb/4 Tassen

Für Truthahn und Huhn.

15 ml/1 EL Butter oder Margarine
5 ml/1 TL Sonnenblumenöl
1 kleine Zwiebel, fein gehackt
1 Knoblauchzehe, zerdrückt
50 g trockene Petersilie-Thymian-Füllmischung
440 g ungesüßtes Kastanienpüree aus der Dose
150 ml/¼ pt/2/3 Tasse heißes Wasser
Fein abgeriebene Schale von 1 Zitrone
1,5–2,5 ml/¼–½ TL Salz

Butter oder Margarine und Öl in eine 1,25-Liter-Schüssel geben. Unbedeckt auf Vollgas für 25 Sekunden erhitzen. Fügen Sie die Zwiebel und den Knoblauch hinzu. Ohne Deckel 3 Minuten auf Vollgas garen. Fügen Sie die trockene Füllmischung hinzu und rühren Sie gut um. Ohne Deckel 2 Minuten lang auf voller Stufe kochen, dabei zweimal umrühren. Aus der Mikrowelle nehmen. Das Kastanienpüree nach und nach im Wechsel mit dem heißen Wasser unterrühren, bis alles glatt ist. Zitronenschale und Salz nach Geschmack unterrühren. Kalt verwenden.

Kastanienfüllung mit Schinken

Ergibt 675 g/1½ lb/4 Tassen

Für Truthahn und Huhn.

Wie Kastanienfüllung mit Petersilie und Thymian zubereiten, aber 75 g/3 oz/¾ Tasse gehackten Schinken mit Zitronenschale und Salz hinzufügen.

Hühnerleber-Füllung

Ergibt 350 g/12 oz/2 Tassen

Für Geflügel und Wild.

125 g Hühnerleber
25 g/1 oz/2 EL Butter oder Margarine
1 Zwiebel, gerieben
30 ml/2 EL fein gehackte Petersilie
1,5 ml/¼ TL gemahlener Piment
125 g/4 oz/2 Tassen frische weiße oder braune Semmelbrösel
Salz und frisch gemahlener schwarzer Pfeffer
Hühnerbrühe ggf

Leber waschen und auf Küchenpapier trocknen. In kleine Stücke schneiden. Butter oder Margarine in eine 1,25-Liter-Schüssel geben. Ohne Deckel 1 Minute lang auf Vollgas erhitzen. Fügen Sie die Zwiebel hinzu. Ohne Deckel 2 Minuten auf voller Stufe garen, dabei einmal umrühren. Fügen Sie die Lebern hinzu. Ohne Deckel 3 Minuten auftauen lassen und dabei 3 Mal umrühren. Petersilie, Piment und Semmelbrösel untermischen und abschmecken. Nur wenn die Füllung auf der trockenen Seite bleibt, mit etwas Fond binden. Kalt verwenden.

Hühnerleberfüllung mit Pekannüssen und Orange

Ergibt 350 g/12 oz/2 Tassen

Für Geflügel und Wild.

Zubereitung wie Hühnerleberfüllung, jedoch 30 ml/2 EL gebrochene Pekannüsse und 5 ml/1 TL fein geriebene Orangenschale mit den Semmelbröseln hinzufügen.

Triple-Nuss-Füllung

Ergibt 350 g/12 oz/2 Tassen

Für Geflügel und Fleisch.

15 ml/1 EL Sesamöl
1 Knoblauchzehe, zerdrückt
125 g fein gemahlene Haselnüsse
125 g/4 oz/2/3 Tasse fein gemahlene Walnüsse
125 g/4 oz/2/3 Tasse fein gemahlene Mandeln
Salz und frisch gemahlener schwarzer Pfeffer
1 Ei, geschlagen

Gießen Sie das Öl in eine ziemlich große Schüssel. Ohne Deckel 1 Minute lang auf Vollgas erhitzen. Fügen Sie den Knoblauch hinzu.

Ohne Deckel 1 Minute auf Vollgas garen. Alle Nüsse unterrühren und abschmecken. Mit dem Ei binden. Kalt verwenden.

Kartoffel- und Putenleberfüllung

Ergibt 675 g/1½ lb/4 Tassen

Für Geflügel.

450 g mehlige Kartoffeln

25 g/1 oz/2 EL Butter oder Margarine

1 Zwiebel, gehackt

2 Scheiben Speck durchwachsen, gehackt

5 ml/1 TL getrocknete gemischte Kräuter

45 ml/3 EL fein gehackte Petersilie

2,5 ml/½ TL gemahlener Zimt

2,5 ml/½ TL gemahlener Ingwer

1 Ei, geschlagen

Salz und frisch gemahlener schwarzer Pfeffer

Die Kartoffeln wie für Rahmkartoffeln beschrieben kochen, jedoch nur mit 60 ml/4 EL Wasser. Abgießen und pürieren. Butter oder Margarine in eine 1,25-Liter-Schüssel geben. Ohne Deckel 1 Minute lang auf Vollgas erhitzen. Zwiebel und Speck unterrühren. Kochen Sie ohne Deckel 3 Minuten lang auf Vollgas und rühren Sie zweimal um. Alle

restlichen Zutaten inkl. Kartoffeln mischen, abschmecken. Kalt
verwenden.

Reisfüllung mit Kräutern

Ergibt 450 g/1 lb/22/3 Tassen

Für Geflügel.

125 g/4 oz/2/3 Tasse leicht zu kochender Langkornreis
250 ml/8 fl oz/1 Tasse kochendes Wasser
2,5 ml/½ TL Salz
25 g/1 oz/2 EL Butter oder Margarine
1 kleine Zwiebel, gerieben
5 ml/1 TL gehackte Petersilie
5 ml/1 TL Korianderblätter (Koriander).
5 ml/1 TL Salbei
5 ml/1 TL Basilikumblätter

Den Reis mit Wasser und Salz nach Anweisung kochen. Butter oder
Margarine in eine 1,25-Liter-Schüssel geben. Ohne Deckel 1 Minute
lang auf Vollgas erhitzen. Zwiebel unterrühren. Kochen Sie,
unbedeckt, auf Voll für 1 Minute, einmal umrührend. Reis und Kräuter
untermischen. Kalt verwenden.

Ergibt 450 g/1 lb/22/3 Tassen

Für Geflügel.

125 g/4 oz/2/3 Tasse leicht zu kochender Langkornreis

250 ml/8 fl oz/1 Tasse kochendes Wasser

2,5 ml/½ TL Salz

25 g/1 oz/2 EL Butter oder Margarine

1 kleine Zwiebel, gerieben

30 ml/2 EL gehackter grüner (Paprika) Pfeffer

1 Tomate, gehackt

30 ml/2 EL gehackte gefüllte Oliven

Den Reis mit Wasser und Salz nach Anweisung kochen. Butter oder Margarine in eine 1,25-Liter-Schüssel geben. Ohne Deckel 1 Minute lang auf Vollgas erhitzen. Rühren Sie die Zwiebel, den grünen Pfeffer, die Tomate und die Oliven ein. Ohne Deckel 2 Minuten lang auf Vollgas kochen, dabei einmal umrühren. Den Reis untermischen. Kalt verwenden.

Fruchtige Reisfüllung

Ergibt 450 g/1 lb/22/3 Tassen

Für Geflügel.

125 g/4 oz/2/3 Tasse leicht zu kochender Langkornreis

250 ml/8 fl oz/1 Tasse kochendes Wasser

2,5 ml/½ TL Salz

25 g/1 oz/2 EL Butter oder Margarine

1 kleine Zwiebel, gerieben

5 ml/1 TL gehackte Petersilie

6 getrocknete Aprikosenhälften, gehackt

6 entsteinte (entkernte) Pflaumen, gehackt

5 ml/1 TL fein geriebene Clementine oder Satsuma-Schale

Den Reis mit Wasser und Salz nach Anweisung kochen. Butter oder Margarine in eine 1,25-Liter-Schüssel geben. Ohne Deckel 1 Minute lang auf Vollgas erhitzen. Zwiebel, Petersilie, Aprikosen, Pflaumen und Schale unterrühren. Kochen Sie, unbedeckt, auf Voll für 1 Minute, einmal umrührend. Den Reis untermischen. Kalt verwenden.

Reisfüllung aus Fernost

Ergibt 450 g/1 lb/22/3 Tassen

Für Geflügel.

Wie Reisfüllung mit Kräutern zubereiten, aber nur den Koriander (Koriander) verwenden. 6 Wasserkastanien aus der Dose und in Scheiben geschnitten und 30 ml/2 EL grob gehackte geröstete Cashewnüsse mit der Zwiebel dazugeben.

Herzhafte Reisfüllung mit Nüssen

Ergibt 450 g/1 lb/22/3 Tassen

Für Geflügel.

Wie Reisfüllung mit Kräutern zubereiten, aber nur die Petersilie verwenden. 30 ml/2 EL gehobelte und geröstete Mandeln und 30 ml/2 EL gesalzene Erdnüsse mit der Zwiebel dazugeben.

Schokoladen-Crispies

Macht 16

75 g Butter oder Margarine

30 ml/2 EL goldener (heller Mais-)Sirup, geschmolzen

15 ml/1 EL Kakaopulver (ungesüßte Schokolade), gesiebt

45 ml/3 EL Kristallzucker

75 g Cornflakes

Butter oder Margarine und Sirup ohne Deckel 2–3 Minuten auftauen lassen. Kakao und Zucker unterrühren. Die Cornflakes mit einem großen Metalllöffel unterheben und schwenken, bis sie gut bedeckt sind. In Kuchenförmchen aus Papier (Cupcake-Papier) füllen, auf ein Brett oder Tablett stellen und kühl stellen, bis es fest ist.

Devil's Food Kuchen

Serviert 8

Ein Traum von einem nordamerikanischen Küchenmaschinenkuchen mit einer leichten und lockeren Textur und einem intensiven Schokoladengeschmack.

100 g/4 oz/1 Tasse einfache (halbbittere) Schokolade, in Stücke gebrochen

225 g/8 oz/2 Tassen selbstaufgehendes (selbstaufgehendes) Mehl

25 g/1 oz/2 EL Kakaopulver (ungesüßte Schokolade).

1,5 ml/¼ TL Natron (Backpulver)

200 g/7 oz/knapp 1 Tasse dunkel weicher brauner Zucker

150 g Butter oder weiche Margarine bei Küchentemperatur

5 ml/1 TL Vanilleessenz (Extrakt)

2 große Eier, bei Küchentemperatur

120 ml/4 fl oz/½ Tasse Buttermilch oder je 60 ml/4 EL Magermilch und Naturjoghurt

Puderzucker zum Bestäuben

Legen Sie den Boden und die Seiten einer geraden, tiefen Souffléform
mit einem Durchmesser von 20 cm/8 Zoll dicht mit Frischhaltefolie
(Plastikfolie) aus. Die Schokolade in einer kleinen Schüssel 3–4
Minuten auftauen lassen und dabei zweimal umrühren. Mehl, Kakao
und Natron direkt in die Schüssel einer Küchenmaschine sieben.
Fügen Sie die geschmolzene Schokolade mit allen restlichen Zutaten
hinzu und verarbeiten Sie alles für etwa 1 Minute oder bis die Zutaten
gut vermischt sind und die Mischung einem dicken Teig ähnelt. In die
vorbereitete Form geben und locker mit Küchenpapier abdecken. 9-10
Minuten auf Vollgas backen, dabei die Form zweimal wenden, bis der
Kuchen bis zum Rand der Form aufgegangen ist und die Oberseite mit
kleinen, zerbrochenen Bläschen bedeckt ist und ziemlich trocken
aussieht. Wenn noch klebrige Flecken zurückbleiben, garen Sie
weitere 20–30 Sekunden auf Vollgas. Etwa 15 Minuten in der
Mikrowelle stehen lassen (der Kuchen fällt leicht zusammen), dann
herausnehmen und abkühlen lassen, bis es gerade noch warm ist.
Heben Sie sie vorsichtig aus der Form, indem Sie die Frischhaltefolie
festhalten, und legen Sie sie zum vollständigen Abkühlen auf ein
Kuchengitter. Frischhaltefolie abziehen und vor dem Servieren mit
gesiebtem Puderzucker bestäuben. In einem luftdichten Behälter
aufbewahren.

Mokka-Torte

Serviert 8

Zubereiten wie Devil's Food Cake, aber nach dem Erkalten den Kuchen waagerecht in drei Schichten schneiden. Schlagen Sie 450 ml/¾ pt/2 Tassen doppelt (schwer) oder Schlagsahne, bis sie dick ist. Mit etwas gesiebtem Puderzucker nach Belieben süßen, dann mit kaltem schwarzen Kaffee kräftig abschmecken. Verwenden Sie etwas von der Sahne, um die Kuchenschichten zusammenzufügen, und schwenken Sie dann den Rest über die Oberseite und die Seiten. Vor dem Servieren leicht kühlen.

Mehrschichtiger Kuchen

Serviert 8

Zubereiten wie Devil's Food Cake, aber nach dem Erkalten den Kuchen waagerecht in drei Schichten schneiden. Sandwich zusammen mit Aprikosenmarmelade, Schlagsahne und geriebener Schokolade oder Schokoladenaufstrich.

Schwarzwälder Kirschtorte

Serviert 8

Zubereiten wie Devil's Food Cake, jedoch den ausgekühlten Kuchen waagerecht in drei Böden schneiden und jeweils mit Kirschlikör benetzen. Sandwich zusammen mit Kirschmarmelade (Konfitüre) oder Kirschfruchtfüllung. Schlagen Sie 300 ml/½ pt/1¼ Tassen doppelt (schwer) oder Schlagsahne, bis sie dickflüssig ist. Auf der Oberseite und den Seiten des Kuchens verteilen. Drücken Sie eine zerdrückte Schokoladenflockentafel oder geriebene Schokolade an die Seiten und dekorieren Sie die Oberseite mit halbierten glacé (kandierten) Kirschen.

Schoko-Orangen-Torte

Serviert 8

Zubereiten wie Devil's Food Cake, jedoch den ausgekühlten Kuchen waagerecht in drei Böden schneiden und jeweils mit Orangenlikör benetzen. Sandwich zusammen mit fein geriebener Orangenmarmelade und einer dünnen Runde Marzipan (Mandelpaste). Schlagen Sie 300 ml/½ pt/1¼ Tassen doppelt (schwer) oder Schlagsahne, bis sie dickflüssig ist. Mit 10–15 ml/2–3 TL schwarzer Melasse färben und

leicht süßen, dann 10 ml/2 TL abgeriebene Orangenschale unterrühren.
Auf der Oberseite und den Seiten des Kuchens verteilen.

Schokoladen-Butter-Creme-Torte

Für 8–10 Personen

30 ml/2 EL Kakaopulver (ungesüßte Schokolade).
60 ml/4 EL kochendes Wasser
175 g Butter oder Margarine bei Küchentemperatur
175 g/6 oz/¾ Tasse dunkler weicher brauner Zucker
5 ml/1 TL Vanilleessenz (Extrakt)
3 Eier, bei Küchentemperatur

175 g/6 oz/1½ Tassen selbstaufgehendes (selbstaufgehendes) Mehl
15 ml/1 EL schwarzer Sirup (Melasse)
Buttercremeglasur
Puderzucker zum Bestäuben (optional)

Den Boden und die Seiten einer 18 x 9 cm/7 x 3½ Zoll großen Auflaufform dicht mit Frischhaltefolie (Plastikfolie) auskleiden und leicht über den Rand hängen lassen. Den Kakao glatt mit dem kochenden Wasser verrühren. Butter oder Margarine, Zucker und Vanilleessenz cremig schlagen, bis sie leicht und locker sind. Die Eier einzeln unterschlagen und jeweils 15 ml/1 EL Mehl hinzufügen. Das restliche Mehl mit dem schwarzen Sirup unterheben, bis es gleichmäßig vermischt ist. Glatt in die vorbereitete Form streichen und locker mit Küchenpapier abdecken. 6–6½ Minuten auf Vollgas backen, bis der Kuchen gut aufgegangen ist und oben nicht mehr feucht aussieht. Nicht zu lange backen, sonst schrumpft der Kuchen und wird zäh. Lassen Sie ihn 5 Minuten stehen, lösen Sie den Kuchen dann aus seiner Form, indem Sie die Frischhaltefolie (Plastikfolie) festhalten, und legen Sie ihn auf ein Kuchengitter. Den Wrap vorsichtig abziehen und abkühlen lassen. Den Kuchen waagerecht in drei Schichten schneiden und zusammen mit der Glasur (Zuckerguss) sandwichen. Nach Belieben die Oberseite vor dem Anschneiden mit gesiebtem Puderzucker bestäuben.

Schokoladen-Mokka-Kuchen

Für 8–10 Personen

Zubereiten wie Schoko-Butter-Creme-Torte, aber Butter-Creme-Glasur (Frosting) mit 15 ml/1 EL sehr starkem schwarzem Kaffee würzen. Für einen intensiveren Geschmack fügen Sie dem flüssigen Kaffee 5 ml/1 TL gemahlenen Kaffee hinzu.

Orangen-Schoko-Torte

Für 8–10 Personen

Zubereiten wie Schoko-Butter-Creme-Torte, jedoch 10 ml/2 TL fein geriebene Orangenschale zu den Kuchenzutaten geben.

Doppelter Schokoladenkuchen

Für 8–10 Personen

Zubereiten wie für Schokoladen-Butter-Creme-Torte, aber 100 g/4 oz/1 Tasse geschmolzene und abgekühlte einfache (halbsüße) Schokolade zur Buttercreme-Glasur (Zuckerguss) hinzufügen. Vor Gebrauch fest werden lassen.

Schlagsahne und Walnusstorte

Für 8–10 Personen

1 Schokoladen-Butter-Creme-Torte
300 ml/½ Pt/1¼ Tassen doppelte (schwere) Sahne
150 ml/¼ pt/2/3 Tasse Schlagsahne
45 ml/3 EL Puderzucker, gesiebt

Jede Aromaessenz (Extrakt), wie Vanille, Rose, Kaffee, Zitrone,
Orange, Mandel, Ratafia
Nüsse, Schokoladenraspel, Silberdragees, kandierte Blütenblätter oder
kandierte Früchte zum Dekorieren

Den Kuchen waagerecht in drei Böden schneiden. Schlagen Sie die Cremes zusammen, bis sie dick sind. Puderzucker und Aroma nach Geschmack unterheben. Die Tortenböden mit der Sahne zusammenlegen und die Oberseite nach Belieben dekorieren.

Weihnachtstorte

Für 8–10 Personen

1 Schokoladen-Butter-Creme-Torte
45 ml/3 EL kernlose Himbeermarmelade (Konfitüre)
Marzipan (Mandelpaste)
300 ml/½ Pt/1¼ Tassen doppelte (schwere) Sahne

150 ml/¼ pt/2/3 Tasse Schlagsahne

60 ml/4 EL Kristallzucker

Glacé (kandierte) Kirschen und essbare Stechpalmenzweige zum Dekorieren

Den Kuchen in drei Böden schneiden und zusammen mit der Konfitüre mit dünn ausgerollten Marzipanringen belegen. Sahne und Puderzucker schaumig schlagen und damit die Oberseite und die Seiten des Kuchens bedecken. Die Oberseite mit Kirschen und Stechpalmen dekorieren.

Amerikanische Brownies

Macht 12

50 g/2 oz/½ Tasse Zartbitter-Schokolade, in Stücke gebrochen

75 g Butter oder Margarine

175 g/6 oz/¾ Tasse dunkler weicher brauner Zucker

2 Eier, bei Küchentemperatur, geschlagen

150 g/5 oz/1¼ Tassen einfaches (Allzweck-)Mehl

1,5 ml/¼ TL Backpulver

5 ml/1 TL Vanilleessenz (Extrakt)

30 ml/2 EL kalte Milch

Puderzucker zum Bestäuben

Butter und Grundlinie a 25 x 16 3 5 cm/10 x 6½ 3 2 in Schale. Schokolade und Butter oder Margarine 2 Minuten lang bei Vollgas schmelzen und umrühren, bis alles gut vermischt ist. Zucker und Eier unterschlagen, bis alles gut vermischt ist. Mehl und Backpulver versieben, dann mit dem Vanillearoma und der Milch leicht unter die Schokoladenmasse rühren. Gleichmäßig in der vorbereiteten Form verteilen und locker mit Küchenpapier abdecken. 7 Minuten auf Vollgas backen, bis der Kuchen gut aufgegangen ist und die Oberseite mit kleinen Luftlöchern übersät ist. 10 Minuten in der Form abkühlen lassen. In Quadrate schneiden, die Oberseiten ziemlich dick mit Puderzucker bestäuben, dann auf einem Kuchengitter vollständig auskühlen lassen. In einem luftdichten Behälter aufbewahren.

Schokoladen-Nuss-Brownies

Macht 12

Wie amerikanische Brownies zubereiten, jedoch 90 ml/6 EL grob
gehackte Walnüsse mit dem Zucker hinzugeben. 1 Minute extra
kochen.

Macht 8

125 g Butter oder Margarine

50 g/2 oz/3 EL goldener (leichter Mais) Sirup

25 ml/1½ EL schwarzer Sirup (Melasse)

100 g/4 oz/½ Tasse dunkler weicher brauner Zucker

225 g/8 oz/2 Tassen Haferbrei

Fetten Sie eine tiefe Schüssel mit 20 cm Durchmesser gründlich ein.
Butter, Sirup, Sirup und Zucker ohne Deckel schmelzen und 5
Minuten auftauen lassen. Haferflocken unterrühren und die Mischung
in der Form verteilen. Kochen Sie ohne Deckel 4 Minuten lang auf
Vollgas, wobei Sie die Schüssel einmal wenden. 3 Minuten stehen
lassen. Weitere 1½ Minuten garen. Lauwarm abkühlen lassen, dann in
acht Dreiecke schneiden. Kalt aus der Form nehmen und in einem
luftdichten Behälter aufbewahren.

Müsli-Dreiecke

Macht 8

103

Zubereiten wie Oaten Toffee Triangles, jedoch Haferflocken durch ungesüßtes Müsli ersetzen.

Schokoladen-Queenies

Macht 12

125 g/4 oz/1 Tasse selbstaufgehendes (selbstaufgehendes) Mehl
30 ml/2 EL Kakaopulver (ungesüßte Schokolade).
50 g/2 oz/¼ Tasse Butter oder Margarine bei Küchentemperatur
50 g/2 oz/¼ Tasse heller weicher brauner Zucker
1 Ei
5 ml/1 TL Vanilleessenz (Extrakt)
30 ml/2 EL kalte Milch
Puderzucker oder Schokoladenaufstrich zum Dekorieren (optional)

Mehl und Kakao zusammen sieben. In einer separaten Schüssel die Butter oder Margarine und den Zucker cremig schlagen, bis sie weich und locker sind. Ei und Vanilleessenz unterschlagen. Die Mehlmischung abwechselnd mit der Milch unterheben und ohne zu schlagen mit einer Gabel kräftig verrühren. Auf 12 Tortenförmchen aus Papier (Cupcake-Papiere) verteilen. Sechs Stück auf einmal auf den Drehteller aus Glas oder Kunststoff legen, locker mit Küchenpapier abdecken und 2 Minuten lang auf Vollgas garen. Auf einem Kuchengitter abkühlen. Mit gesiebtem Puderzucker bestäuben oder nach Belieben mit Schokocreme bestreichen. In einem luftdichten Behälter aufbewahren.

Macht 12

Wie Chocolate Queenies zubereiten, aber einen kleinen Schokoriegel zerdrücken und vorsichtig in die Kuchenmasse rühren, nachdem das Ei und die Vanilleessenz hinzugefügt wurden.

Frühstückskuchen mit Kleie und Ananas

Ergibt etwa 12 Stück

Ein ziemlich dicker Kuchen und ein nützliches Snack-Frühstück, das
mit Joghurt und einem Getränk serviert wird.
100 g/3½ oz/1 Tasse All Bran Müsli
50 g/2 oz/¼ Tasse dunkler weicher brauner Zucker
175 g/6 oz zerdrückte Ananas aus der Dose
20 ml/4 TL dickflüssiger Honig
1 Ei, geschlagen
300 ml/½ Pt/1¼ Tassen Magermilch
150 g/5 oz/1¼ Tassen selbstaufgehendes (selbstaufgehendes)
Vollkornmehl

Legen Sie den Boden und die Seiten einer Auflaufform mit 18 cm
Durchmesser eng mit Frischhaltefolie (Plastikfolie) aus und lassen Sie
sie ganz leicht über den Rand hängen. Müsli, Zucker, Ananas und
Honig in eine Schüssel geben. Mit einem Teller abdecken und 5
Minuten auftauen lassen. Die restlichen Zutaten unter kräftigem
Rühren ohne Schlagen mischen. Auf das vorbereitete Gericht geben.
Mit Küchenpapier locker abdecken und 20 Minuten auf Auftauen
garen, dabei die Form viermal wenden. Lassen Sie es abkühlen, bis es
nur noch warm ist, und legen Sie es dann auf ein Gitter, indem Sie die
Frischhaltefolie festhalten. Wenn es vollständig kalt ist, lagern Sie es
vor dem Schneiden 1 Tag lang in einem luftdichten Behälter.

Fruchtiger Schokoladenbiskuit-Crunch-Kuchen

Macht 10–12

200 g/7 oz/knapp 1 Tasse einfache (halbsüße) Schokolade, in
Quadrate gebrochen

225 g/8 oz/1 Tasse ungesalzene (süße) Butter (keine Margarine)

2 große Eier, bei Küchentemperatur, geschlagen

5 ml/1 TL Vanilleessenz (Extrakt)

75 g/3 oz/¾ Tasse grob gehackte gemischte Nüsse

75 g/3 oz/¾ Tasse gehackte kristallisierte Ananas oder Papaya

75 g/3 oz/¾ Tasse gehackter kristallisierter Ingwer

25 ml/1½ EL Puderzucker, gesiebt

15 ml/1 EL Fruchtlikör, wie Grand Marnier oder Cointreau

225 g/8 oz einfache süße Kekse (Kekse) wie Digestifs (Graham
Cracker), jeweils in 8 Stücke gebrochen

Legen Sie den Boden und die Seiten einer Schüssel mit 20 cm Durchmesser oder einer Biskuit-Sandwichform (Pfanne) dicht mit Frischhaltefolie (Plastikfolie) aus. Schmelzen Sie die Schokoladenstücke in einer großen Schüssel ohne Deckel 4–5 Minuten lang auftauen, bis sie sehr weich sind, aber noch ihre ursprüngliche Form behalten. Butter in große Würfel schneiden und ohne Deckel 2–3 Minuten auftauen lassen. Mit den Eiern und der Vanille-Essenz gründlich in die geschmolzene Schokolade einrühren. Alle restlichen Zutaten untermischen. Wenn alles gut vermischt ist, in die vorbereitete

Form streichen und mit Folie oder Frischhaltefolie (Plastikfolie) abdecken. 24 Stunden kalt stellen, dann vorsichtig herausheben und die Frischhaltefolie abziehen. Zum Servieren in Stücke schneiden. Zwischen den Portionen im Kühlschrank aufbewahren, da der Kuchen bei Raumtemperatur weicher wird.

Fruchtiger Mokka-Keks-Crunch-Kuchen

Macht 10–12

Zubereiten wie Fruited Chocolate Biscuit Crunch Cake, jedoch 20 ml/4 TL lösliches Kaffeepulver oder -granulat mit der Schokolade schmelzen und den Fruchtlikör durch Kaffeelikör ersetzen.

Crunch-Kuchen mit Fruchtrum und Rosinenkeksen

Macht 10–12

Bereiten Sie die Zubereitung wie für Fruited Chocolate Biscuit Crunch Cake vor, aber ersetzen Sie die kandierten Früchte durch 100 g/3½ oz/¾ Tasse Rosinen und den Likör durch dunklen Rum.

Fruited Whiskey und Orange Biscuit Crunch Cake

Macht 10–12

Zubereiten wie Fruited Chocolate Biscuit Crunch Cake, aber die fein abgeriebene Schale von 1 Orange in die Schokolade und Butter einrühren und den Likör durch Whiskey ersetzen.

Fruchtiger Crunch-Kuchen mit weißer Schokolade

Macht 10–12

Zubereitung wie Fruited Chocolate Biscuit Crunch Cake, aber dunkle Schokolade durch weiße ersetzen.

Zweischichtiger Aprikosen-Himbeer-Käsekuchen

Serviert 12

Für die Basis:

100 g Butter

225 g/8 oz/2 Tassen Schokoladen-Verdauungskekse (Graham Cracker)-Krümel

5 ml/1 TL gemischtes (Apfelkuchen-) Gewürz

Für die Aprikosenschicht:

60 ml/4 EL kaltes Wasser

30 ml/2 EL gemahlene Gelatine

500 g Quark (weicher Hüttenkäse).

250 g/9 oz/1¼ Tassen Quark oder Quark

60 ml/4 EL glatte Aprikosenmarmelade (Konfitüre)

75 g/3 oz/2/3 Tasse Streuzucker (superfeiner) Zucker

3 Eier, getrennt

Eine Prise Salz

Für die Himbeerschicht:

45 ml/3 EL kaltes Wasser

15 ml/1 EL gemahlene Gelatine

225 g/8 oz frische Himbeeren, zerkleinert und gesiebt (passiert)

30 ml/2 EL Kristallzucker

150 ml/¼ pt/2/3 Tasse doppelte (schwere) Sahne

Zur Dekoration:

Frische Himbeeren, Erdbeeren und Johannisbeerstränge

Für den Boden die Butter ohne Deckel 3–3½ Minuten auf dem Auftauen schmelzen. Keksbrösel und gemischte Gewürze unterrühren. Gleichmäßig auf dem Boden einer Springform mit 25 cm Durchmesser verteilen. 30 Minuten kalt stellen, bis sie fest ist.

Für die Aprikosenschicht Wasser und Gelatine in eine Schüssel geben und gut verrühren. 5 Minuten stehen lassen, bis sie weich sind. Unbedeckt schmelzen, auftauen für 2½–3 Minuten. Quark, Frischkäse oder Quark, Marmelade, Zucker und Eigelb in eine Küchenmaschine geben und so lange laufen lassen, bis sich die Zutaten gut verbunden haben. In eine große Schüssel kratzen, mit einem Teller abdecken und kalt stellen, bis sie gerade anfängt einzudicken und am Rand fest werden. Eiweiß und Salz zu steifem Schnee schlagen. Ein Drittel in die Käsemischung schlagen, dann den Rest mit einem Metalllöffel oder Pfannenwender unterheben. Gleichmäßig auf dem Keksboden verteilen. Mit Küchenpapier locker abdecken und mindestens 1 Stunde kühl stellen, bis er fest ist.

Für die Himbeerschicht Wasser und Gelatine in eine Schüssel geben und gut verrühren. 5 Minuten stehen lassen, bis sie weich sind. Unbedeckt auf dem Auftauen 1½–2 Minuten schmelzen. Mit dem Himbeerpüree und dem Zucker verrühren. Mit Folie oder Frischhaltefolie (Plastikfolie) abdecken und kühl stellen, bis sie gerade anfangen zu verdicken und sich um den Rand legen. Die Sahne schlagen, bis sie weich wird. Ein Drittel unter die Fruchtmischung schlagen, dann den Rest mit einem Metalllöffel oder Pfannenwender unterheben. Gleichmäßig auf der Käsekuchenmischung verteilen. Locker abdecken und mehrere Stunden kühl stellen, bis sie fest sind. Zum Servieren mit einem in heißes Wasser getauchten Messer am inneren Rand entlangfahren, um den Käsekuchen zu lockern. Lösen Sie die Dose und entfernen Sie die Seite. Die Oberseite mit Früchten dekorieren. Mit einem in heißes Wasser getauchten Messer in Portionen schneiden.

Erdnussbutter-Käsekuchen

Serviert 10

Für die Basis:

100 g Butter

225 g/8 oz/2 Tassen Ingwerkekse (Keksbrösel).

Für den Belag:

90 ml/6 EL kaltes Wasser

45 ml/3 EL gemahlene Gelatine

750 g Quark (weicher Hüttenkäse).

4 Eier, getrennt

5 ml/1 TL Vanilleessenz (Extrakt)

150 g/5 oz/2/3 Tassen Streuzucker (superfeiner) Zucker

Eine Prise Salz

150 ml/¼ pt/2/3 Tasse doppelte (schwere) Sahne

60 ml/4 EL glatte Erdnussbutter, Küchentemperatur

Gehackte leicht gesalzene oder einfache Erdnüsse (optional)

Für den Boden die Butter ohne Deckel 3–3½ Minuten auf dem
Auftauen schmelzen. Biskuitbrösel unterrühren. Auf dem Boden einer

Springform (Pfanne) mit 20 cm Durchmesser verteilen und 20–30 Minuten kalt stellen, bis sie fest ist.

Für das Topping Wasser und Gelatine in eine Schüssel geben und gut verrühren. 5 Minuten stehen lassen, um weich zu werden. Unbedeckt schmelzen, auftauen für 3–3½ Minuten. Käse, Eigelb, Vanilleessenz und Zucker in eine Küchenmaschine geben und die Maschine glatt rühren. In eine große Schüssel auskratzen. Eiweiß und Salz zu steifem Schnee schlagen. Die Sahne schlagen, bis sie weich wird. Eiweiß und Sahne abwechselnd unter die Käsemasse heben. Zum Schluss die Erdnussbutter unterrühren. Gleichmäßig in der vorbereiteten Form verteilen, gut abdecken und mindestens 12 Stunden kalt stellen. Zum Servieren mit einem in heißes Wasser getauchten Messer seitlich herumfahren, um es zu lösen. Lösen Sie die Dose und entfernen Sie die Seiten. Nach Belieben mit gehackten Erdnüssen dekorieren. Mit einem in heißes Wasser getauchten Messer in Portionen schneiden.

Zitronenquark-Käsekuchen

Serviert 10

Wie Erdnussbutter-Käsekuchen zubereiten, aber die Erdnussbutter durch Zitronenquark ersetzen.

Schokoladenkäsekuchen

Serviert 10

Zubereiten wie Erdnussbutter-Käsekuchen, aber Erdnussbutter durch Schokoladenaufstrich ersetzen.

Sharon-Frucht-Käsekuchen

Serviert 10

Ein Rezept, das mir eine Neuseeländerin geschickt hat, basierend auf der tomatenähnlichen Frucht Tamarillo. Da sie nicht immer leicht zu bekommen sind, sind Winter-Sharon-Früchte ein bewundernswerter Ersatz, oder sogar die gleich aussehende Persimone, solange sie sehr reif sind.

Für die Basis:

175 g Butter

100 g/3½ oz/½ Tasse heller weicher brauner Zucker

225 g/8 oz Malzkeksbrösel (Keksbrösel).

Für die Füllung:

4 Sharon-Früchte, gehackt

100 g/4 oz/½ Tasse heller weicher brauner Zucker

30 ml/2 EL gemahlene Gelatine

30 ml/2 EL kaltes Wasser

300 g Frischkäse

3 große Eier, getrennt

Saft von ½ Zitrone

Eine Springform mit 25 cm Durchmesser gründlich ausspülen und nass lassen. Butter oder Margarine ohne Deckel 3–3½ Minuten auf dem Auftauen schmelzen. Zucker und Keksbrösel unterrühren. Gleichmäßig auf den Boden der Form drücken. Während der Zubereitung der Kuchenfüllung kalt stellen.

Für die Füllung die Sharonfrucht in eine Schüssel geben und mit der Hälfte des Zuckers bestreuen. Die Gelatine in eine Schüssel geben und das Wasser einrühren. 5 Minuten stehen lassen, bis sie weich sind. Unbedeckt schmelzen, auftauen für 3–3½ Minuten. In einer separaten Schüssel den Käse schaumig schlagen, dann Gelatine, Eigelb, Zitronensaft und restlichen Zucker einarbeiten. Das Eiweiß zu steifem Schnee schlagen. Abwechselnd mit der Sharonfrucht unter die Käsemischung heben. Auf den Biskuitboden geben und über Nacht kalt stellen. Führen Sie zum Servieren ein in heißes Wasser getauchtes Messer um die Seite, um es zu lösen, lösen Sie dann die Dose und entfernen Sie die Seiten.

Blaubeerekäsekuchen

Serviert 10

Zubereitung wie Sharon-Frucht-Käsekuchen, aber Sharon-Frucht durch 350 g Heidelbeeren ersetzen.

Gebackener Zitronen-Käsekuchen

Serviert 10

Für die Basis:

75 g/3 oz/1/3 Tasse Butter, bei Küchentemperatur

175 g/6 oz/1½ Tassen Digestive Kekse (Graham Cracker) Krümel

30 ml/2 EL Kristallzucker

Für die Füllung:

450 g/1 lb/2 Tassen mittelfetter Quark (weicher Hüttenkäse), bei Küchentemperatur

75 g/3 oz/1/3 Tasse Streuzucker (superfeiner) Zucker

2 große Eier, bei Küchentemperatur

5 ml/1 TL Vanilleessenz (Extrakt)

15 ml/1 EL Speisestärke (Maisstärke)

Fein abgeriebene Schale und Saft von 1 Zitrone
150 ml/¼ pt/2/3 Tasse doppelte (schwere) Sahne
150 ml/5 oz/2/3 Tasse Sauerrahm

Für den Boden die Butter ohne Deckel 2–2½ Minuten auf dem Auftauen schmelzen. Biskuitbrösel und Zucker unterrühren. Legen Sie den Boden und die Seite einer Schüssel mit 20 cm Durchmesser mit Frischhaltefolie (Plastikfolie) aus und lassen Sie sie ganz leicht über den Rand hängen. Boden und Seiten mit der Keksmischung bedecken. Ohne Deckel 2½ Minuten auf Vollgas garen.

Für die Füllung den Käse weich schlagen, dann die restlichen Zutaten außer der sauren Sahne untermischen. In die Krümelschublade füllen und locker mit Küchenpapier abdecken. 12 Minuten auf voller Stufe garen, dabei das Gericht zweimal wenden. Der Kuchen ist fertig, wenn in der Mitte etwas Bewegung zu sehen ist und die Oberseite leicht aufgegangen ist und gerade anfängt zu brechen. 5 Minuten stehen lassen. Aus der Mikrowelle nehmen und vorsichtig mit der sauren Sahne bestreichen, die sich darauf setzt und beim Abkühlen gleichmäßig wird.

Gebackener Limetten-Käsekuchen

Serviert 10

Zubereiten wie für gebackenen Zitronen-Käsekuchen, aber die Schale und den Saft von 1 Limette durch die Zitrone ersetzen.

Gebackener Käsekuchen mit schwarzen Johannisbeeren

Serviert 10

Zubereiten wie für gebackenen Zitronen-Käsekuchen, aber wenn er vollständig kalt ist, die Oberseite entweder mit hochwertiger Johannisbeermarmelade (Konfitüre) oder mit schwarzer Johannisbeerfruchtfüllung aus der Dose bestreichen.

Gebackener Himbeerkäsekuchen

Serviert 10

Zubereiten wie für gebackenen Zitronen-Käsekuchen, aber das Maismehl (Maisstärke) durch Himbeerpuddingpulver ersetzen. Die Oberseite mit frischen Himbeeren dekorieren.

Käsekuchen mit Frucht und Nussbutter

Für 8–10 Personen

Ein Käsekuchen im kontinentalen Stil, wie man ihn in einer Qualitäts-Konditorei findet.

45 ml/3 EL Mandelblättchen

75 g Butter

175 g/6 oz/1½ Tassen Haferkekse (Kekse) oder Verdauungskekse (Graham Cracker) Krümel

450 g Quark (weicher Hüttenkäse) bei Küchentemperatur

125 g/4 oz/½ Tasse Streuzucker (superfeiner) Zucker

15 ml/1 EL Speisestärke (Maisstärke)

3 Eier, bei Küchentemperatur, geschlagen

Saft von ½ frischer Limette oder Zitrone

30 ml/2 EL Rosinen

Die Mandeln auf einen Teller geben und unbedeckt 2–3 Minuten auf Vollgas rösten. Die Butter ohne Deckel 2–2½ Minuten auf dem Auftauen schmelzen. Eine Form mit 20 cm Durchmesser gründlich buttern und den Boden und die Seite mit den Keksbröseln bedecken. Den Käse mit allen restlichen Zutaten schaumig schlagen und die Mandeln und die geschmolzene Butter unterrühren. Gleichmäßig auf den Keksbröseln verteilen und locker mit Küchenpapier abdecken. 24 Minuten auf Auftauen garen, dabei die Schüssel viermal wenden. Aus der Mikrowelle nehmen und abkühlen lassen. Kühlen Sie für mindestens 6 Stunden vor dem Schneiden.

Konservierter Ingwerkuchen

Serviert 8

225 g/8 oz/2 Tassen selbstaufgehendes (selbstaufgehendes) Mehl

10 ml/2 TL gemischte (Apfelkuchen-) Gewürze

125 g/4 oz/½ Tasse Butter oder Margarine bei Küchentemperatur

125 g/4 oz/½ Tasse heller weicher brauner Zucker

100 g/4 oz/1 Tasse gehackter konservierter Ingwer in Sirup

2 Eier, geschlagen

75 ml/5 EL kalte Milch

Puderzucker zum Bestäuben

Legen Sie ein Soufflé oder ein ähnliches Gericht mit geraden Seiten und einem Durchmesser von 20 cm/8 Zoll eng mit Frischhaltefolie (Plastikfolie) aus und lassen Sie es ganz leicht über den Rand hängen. Mehl und Gewürze in eine Schüssel sieben. Butter oder Margarine fein einmassieren. Zucker und Ingwer hineingeben und darauf achten, dass sie gleichmäßig verteilt sind. Mit den Eiern und der Milch zu einer weichen Konsistenz verrühren. Wenn alles gut vermischt ist, in die vorbereitete Form geben und leicht mit Küchenpapier abdecken. 6,5–7,5 Minuten auf Vollgas backen, bis der Kuchen gut aufgegangen ist und beginnt, von der Seite wegzuschrumpfen. 15 Minuten stehen lassen. Übertragen Sie es auf ein Gitter, indem Sie die Frischhaltefolie festhalten. Ziehen Sie die Verpackung ab, wenn sie kalt ist, und bewahren Sie den Kuchen in einem luftdichten Behälter auf. Vor dem Servieren mit Puderzucker bestäuben.

Serviert 8

Zubereiten wie Konserven-Ingwer-Kuchen, jedoch die grob abgeriebene Schale von 1 kleinen Orange mit den Eiern und der Milch hinzugeben.

Honigkuchen mit Nüssen

Für 8–10 Personen

Ein Star von einem Kuchen, voller Süße und Licht. Es ist griechischen Ursprungs, wo es als Karithopitta bekannt ist. Servieren Sie es mit Kaffee am Ende einer Mahlzeit.

Für die Basis:

100 g/3½ oz/½ Tasse Butter, Küchentemperatur

175 g/6 oz/¾ Tasse heller weicher brauner Zucker

4 Eier, bei Küchentemperatur

5 ml/1 TL Vanilleessenz (Extrakt)

10 ml/2 TL Natron (Backpulver)

10 ml/2 TL Backpulver

5 ml/1 TL gemahlener Zimt

75 g/3 oz/¾ Tasse einfaches (Allzweck-)Mehl

75 g Maismehl (Maisstärke)

100 g/3½ oz/1 Tasse Mandelblättchen

Für den Sirup:

200 ml/7 fl oz/knapp 1 Tasse warmes Wasser

60 ml/4 EL dunkler weicher brauner Zucker

5 cm/2 Stück Zimtstange

5 ml/1 TL Zitronensaft

150 g/5 oz/2/3 Tasse klarer dunkler Honig

60 ml/4 EL gehackte gemischte Nüsse
30 ml/2 EL klarer dunkler Honig

Um den Boden zu machen, legen Sie den Boden und die Seite einer Souffléform mit 18 cm Durchmesser eng mit Frischhaltefolie (Plastikfolie) aus und lassen Sie sie ganz leicht über den Rand hängen. Geben Sie alle Zutaten außer den Mandeln in die Schüssel einer Küchenmaschine und lassen Sie die Maschine laufen, bis sie glatt und gleichmäßig vermischt sind. Die Mandeln kurz pulsieren, damit sie nicht zu sehr aufbrechen. Die Mischung in die vorbereitete Form streichen und leicht mit Küchenpapier abdecken. 8 Minuten auf voller Stufe backen, dabei die Form zweimal wenden, bis der Kuchen merklich aufgegangen ist und die Oberseite mit kleinen Lufteinschlüssen übersät ist. 5 Minuten stehen lassen, dann in eine flache Servierschüssel stürzen und die Frischhaltefolie abziehen.

Um den Sirup herzustellen, alle Zutaten in einen Krug geben und ohne Deckel 5–6 Minuten lang auf Vollgas kochen oder bis die Mischung gerade Blasen wirft. Pass gut auf, falls es anfängt überzukochen. 2 Minuten stehen lassen, dann vorsichtig mit einem Holzlöffel umrühren, um die Zutaten glatt zu vermischen. Langsam über den Kuchen gießen, bis die gesamte Flüssigkeit aufgesogen ist. Kombinieren Sie die Nüsse und den Honig in einer kleinen Schüssel. Durchwärmen, unbedeckt, auf Voll für 1½ Minuten. Über den Kuchen streichen oder löffeln.

Ingwer-Honig-Kuchen

Serviert 10–12

45 ml/3 EL Orangenmarmelade

225 g/8 oz/1 Tasse klarer dunkler Honig

2 Eier

125 ml/4 fl oz/½ Tasse Mais- oder Sonnenblumenöl

150 ml/¼ pt/2/3 Tasse warmes Wasser

250 g/9 oz/großzügig 2 Tassen selbstaufgehendes (selbstaufgehendes)

Mehl

5 ml/1 TL Natron (Backpulver)

3 TL gemahlener Ingwer

10 ml/2 TL gemahlener Piment

5 ml/1 TL gemahlener Zimt

Legen Sie eine tiefe 1,75 Liter/3 Pt/7½ Tassen Souffléform eng mit Frischhaltefolie (Plastikfolie) aus und lassen Sie sie ganz leicht über den Rand hängen. Marmelade, Honig, Eier, Öl und Wasser in eine Küchenmaschine geben und glatt pürieren, dann ausschalten. Alle restlichen Zutaten zusammensieben und in die Schüssel der Verarbeitungsmaschine geben. Lassen Sie die Maschine laufen, bis die Mischung gut vermischt ist. In die vorbereitete Form geben und leicht mit Küchenpapier abdecken. 10–10½ Minuten auf Vollgas backen, bis der Kuchen gut aufgegangen ist und die Oberseite mit winzigen Luftlöchern bedeckt ist. In der Form fast vollständig abkühlen lassen, dann auf ein Gitter legen, indem man die Frischhaltefolie festhält. Ziehen Sie die Frischhaltefolie vorsichtig ab und lassen Sie sie vollständig erkalten. Vor dem Schneiden 1 Tag in einem luftdichten Behälter aufbewahren.

Ingwer-Sirup-Kuchen

Serviert 10–12

Zubereiten wie für Gingered Honey Cake, aber den Honig durch goldenen Sirup (hellen Mais) ersetzen.

Traditioneller Lebkuchen

Für 8–10 Personen

*Ein Wintermärchen der besten Sorte, unverzichtbar für die Halloween-
und Guy-Fawkes-Nacht.*

175 g/6 oz/1½ Tassen einfaches (Allzweck-)Mehl

15 ml/1 EL gemahlener Ingwer

5 ml/1 TL gemahlener Piment

10 ml/2 TL Natron (Backpulver)

125 g/4 oz/1/3 Tasse goldener (leichter Mais) Sirup

25 ml/1½ EL schwarzer Sirup (Melasse)

30 ml/2 EL dunkler weicher brauner Zucker

45 ml/3 EL Schmalz oder weißes Speisefett (Backfett)

1 großes Ei, geschlagen

60 ml/4 EL kalte Milch

Legen Sie den Boden und die Seiten einer Auflaufform mit 15 cm Durchmesser eng mit Frischhaltefolie (Plastikfolie) aus und lassen Sie sie ganz leicht über den Rand hängen. Mehl, Ingwer, Piment und Natron in eine Rührschüssel sieben. Sirup, Sirup, Zucker und Fett in eine andere Schüssel geben und ohne Deckel 2½–3 Minuten auf Vollgas erhitzen, bis das Fett gerade geschmolzen ist. Zum Mischen gut umrühren. Mit einer Gabel unter die trockenen Zutaten mit dem Ei und der Milch mischen. Wenn alles gut vermischt ist, in die vorbereitete Form geben und leicht mit Küchenpapier abdecken. 3–4 Minuten auf Vollgas backen, bis der Lebkuchen gut aufgegangen ist und oben leicht glänzt. 10 Minuten stehen lassen. Übertragen Sie es auf ein Gitter, indem Sie die Frischhaltefolie festhalten. Ziehe die Frischhaltefolie ab und bewahre die Lebkuchen vor dem Anschneiden 1–2 Tage in einem luftdichten Behälter auf.

Für 8–10 Personen

Zubereiten wie für traditionellen Lebkuchen, aber die fein geriebene Schale von 1 kleinen Orange mit dem Ei und der Milch hinzufügen.

Kaffee-Aprikosen-Torte

Serviert 8

4 Digestive Kekse (Graham Cracker), fein zerkleinert

225 g Butter oder Margarine bei Küchentemperatur

225 g/8 oz/1 Tasse dunkler weicher brauner Zucker

4 Eier, bei Küchentemperatur

225 g/8 oz/2 Tassen selbstaufgehendes (selbstaufgehendes) Mehl

75 ml/5 EL Kaffee- und Chicorée-Essenz (Extrakt)

425 g/14 oz/1 große Dose Aprikosenhälften, abgetropft

300 ml/½ Pt/1¼ Tassen doppelte (schwere) Sahne

90 ml/6 EL Mandelblättchen, geröstet

Zwei flache Formen mit einem Durchmesser von 20 cm/8 Zoll mit geschmolzener Butter auspinseln, dann den Boden und die Seiten mit den Keksbröseln auslegen. Butter oder Margarine und Zucker cremig schlagen, bis sie leicht und locker sind. Die Eier einzeln unterschlagen und jeweils 15 ml/1 EL Mehl zugeben. Restliches Mehl abwechselnd mit 45 ml/3 EL Kaffee-Essenz unterheben. Gleichmäßig auf die vorbereiteten Gerichte verteilen und locker mit Küchenpapier abdecken. Kochen Sie nacheinander 5 Minuten lang auf Voll. 5 Minuten in den Schalen abkühlen lassen, dann auf ein Kuchengitter stürzen. Drei der Aprikosen hacken und den Rest beiseite stellen. Die Sahne mit der restlichen Kaffee-Essenz steif schlagen. Etwa ein Viertel der Sahne herausnehmen und die gehackten Aprikosen unterrühren. Verwenden Sie, um die Kuchen zusammenzuschieben. Bedecken Sie die Oberseite und die Seiten mit der restlichen Creme.

Rum-Ananastorte

Serviert 8

Zubereitung wie Kaffee-Aprikosentorte, jedoch Aprikosen weglassen. Die Sahne mit 30 ml/2 EL dunklem Rum anstelle der Kaffeeessenz (Extrakt) abschmecken. Rühren Sie 2 gehackte Ananasringe aus der Dose in drei Viertel der Sahne und verwenden Sie sie, um die Kuchen zusammenzufügen. Deckel und Seiten mit der restlichen Creme bestreichen und mit halbierten Ananasringen dekorieren. Auf Wunsch mit grünen und gelben glacé (kandierten) Kirschen dekorieren.

Reichhaltiger Weihnachtskuchen

Ergibt 1 großen Familienkuchen

Eine luxuriöse Torte voller weihnachtlicher Pracht und reich an Alkohol. Lassen Sie es glatt oder bestreichen Sie es mit Marzipan (Mandelpaste) und weißer Glasur (Zuckerguss).

200 ml/7 fl oz/knapp 1 Tasse süßer Sherry

75 ml/5 EL Weinbrand

5 ml/1 TL gemischtes (Apfelkuchen-) Gewürz

5 ml/1 TL Vanilleessenz (Extrakt)

10 ml/2 TL dunkelbrauner Zucker

350 g/12 oz/2 Tassen gemischte Trockenfrüchte (Obstkuchenmischung)

15 ml/1 EL gehackte gemischte Schale

15 ml/1 EL rote glacé (kandierte) Kirschen

50 g/2 oz/1/3 Tasse getrocknete Aprikosen

50 g/2 oz/1/3 Tasse gehackte Datteln

Fein geriebene Schale von 1 kleinen Orange

50 g/2 oz/½ Tasse gehackte Walnüsse

125 g/4 oz/½ Tasse ungesalzene (süße) Butter, geschmolzen

175 g/6 oz/¾ Tasse dunkler weicher brauner Zucker

125 g/4 oz/1 Tasse selbstaufgehendes (selbstaufgehendes) Mehl

3 kleine Eier

Sherry und Brandy in eine große Rührschüssel geben. Mit einem Teller abdecken und 3–4 Minuten auf Vollgas garen, bis die Mischung gerade anfängt zu blubbern. Gewürze, Vanille, 10 ml/2 TL braunen Zucker, Trockenfrüchte, Schalenmischung, Kirschen, Aprikosen, Datteln, Orangenschalen und Walnüsse hinzufügen. Gründlich mischen. Mit einem Teller abdecken und 15 Minuten auftauen lassen, dabei viermal umrühren. Über Nacht stehen lassen, damit die Aromen reifen können. Legen Sie eine Souffléform mit 20 cm Durchmesser dicht mit Frischhaltefolie (Plastikfolie) aus und lassen Sie sie ganz leicht über den Rand hängen. Butter, braunen Zucker, Mehl und Eier unter die Kuchenmasse rühren. In die vorbereitete Form geben und locker mit Küchenpapier abdecken. 30 Minuten auf Auftauen kochen, dabei viermal wenden. 10 Minuten in der Mikrowelle stehen lassen. Kühl bis lauwarm, dann vorsichtig auf ein Gitter legen, indem Sie die Frischhaltefolie festhalten. Ziehen Sie die Frischhaltefolie ab, wenn der Kuchen kalt ist. Zur Aufbewahrung in doppelt dickes fettdichtes (gewachstes) Papier wickeln und dann erneut in Folie einwickeln. An einem kühlen Ort etwa 2 Wochen lagern, bevor sie abgedeckt und glasiert werden.

Schneller Simnel-Kuchen

Ergibt 1 großen Familienkuchen

Befolgen Sie das Rezept für Rich Christmas Cake und lagern Sie es 2 Wochen lang. Am Tag vor dem Servieren den Kuchen halbieren, sodass zwei Böden entstehen. Beide Schnittflächen mit geschmolzener Aprikosenmarmelade (Konfitüre) bestreichen und zusammen mit 225–300 g Marzipan (Mandelpaste) zu einer dicken Rolle ausrollen. Dekorieren Sie die Oberseite mit im Laden gekauften Miniatur-Ostereier und Küken.

Samenkuchen

Serviert 8

Eine Erinnerung an alte Zeiten, in Wales als Scherkuchen bekannt.

225 g/8 oz/2 Tassen selbstaufgehendes (selbstaufgehendes) Mehl

125 g Butter oder Margarine

175 g/6 oz/¾ Tasse heller weicher brauner Zucker

Fein abgeriebene Schale von 1 Zitrone

10–20 ml/2–4 TL Kümmel

10 ml/2 TL geriebene Muskatnuss

2 Eier, geschlagen

150 ml/¼ pt/2/3 Tasse kalte Milch

75 ml/5 EL Puderzucker, gesiebt

10–15 ml/2–3 TL Zitronensaft

Legen Sie den Boden und die Seiten einer Auflaufform mit 20 cm
Durchmesser eng mit Frischhaltefolie (Plastikfolie) aus und lassen Sie
sie ganz leicht über den Rand hängen. Mehl in eine Schüssel sieben
und mit Butter oder Margarine einreiben. Den braunen Zucker, die
Zitronenschale, den Kümmel und die Muskatnuss dazugeben und die
Eier und die Milch mit einer Gabel zu einem glatten, relativ weichen
Teig verrühren. Auf die vorbereitete Form geben und locker mit
Küchenpapier abdecken. 7–8 Minuten auf Vollgas garen, dabei die
Form zweimal wenden, bis der Kuchen an die Oberfläche der Form
gestiegen ist und die Oberfläche mit kleinen Löchern übersät ist. 6
Minuten stehen lassen, dann auf ein Gitter stürzen. Wenn der Kuchen
vollständig erkaltet ist, die Frischhaltefolie abziehen und den Kuchen
auf die richtige Seite drehen. Puderzucker und Zitronensaft zu einer
dicklichen Paste verrühren. Auf dem Kuchen verteilen.

Einfacher Obstkuchen

Serviert **8**

225 g/8 oz/2 Tassen selbstaufgehendes (selbstaufgehendes) Mehl

10 ml/2 TL gemischte (Apfelkuchen-) Gewürze

125 g Butter oder Margarine

125 g/4 oz/½ Tasse heller weicher brauner Zucker

175 g/6 oz/1 Tasse gemischte Trockenfrüchte (Obstkuchenmischung)

2 Eier

75 ml/5 EL kalte Milch

75 ml/5 EL Puderzucker

Legen Sie eine Souffléform mit 18 cm Durchmesser dicht mit Frischhaltefolie (Plastikfolie) aus und lassen Sie sie ganz leicht über den Rand hängen. Mehl und Gewürze in eine Schüssel sieben und mit Butter oder Margarine verreiben. Zucker und Trockenfrüchte zugeben.

Eier und Milch verquirlen und zu den trockenen Zutaten geben und mit einer Gabel zu einer glatten, weichen Konsistenz verrühren. In die vorbereitete Form geben und locker mit Küchenpapier abdecken. 6½–7 Minuten auf Vollgas backen, bis der Kuchen gut aufgegangen ist und gerade beginnt, sich vom Rand der Form zu lösen. Aus der Mikrowelle nehmen und 10 Minuten stehen lassen. Übertragen Sie es auf ein Gitter, indem Sie die Frischhaltefolie festhalten. Wenn es ganz kalt ist, die Frischhaltefolie abziehen und die Oberseite mit gesiebtem Puderzucker bestäuben.

Dattel- und Walnusskuchen

Serviert 8

Zubereiten wie für einfachen Obstkuchen, aber die Trockenfrüchte durch eine Mischung aus gehackten Datteln und Walnüssen ersetzen.

Karottenkuchen

Serviert 8

*Einst Paradieskuchen genannt, begleitet uns dieser transatlantische
Import schon seit vielen Jahren und verliert nie an Reiz.*

Für den Kuchen:

3–4 Karotten, in Stücke geschnitten

50 g/2 oz/½ Tasse Walnussstücke

50 g/2 oz/½ Tasse abgepackte gehackte Datteln, in Zucker gerollt

175 g/6 oz/¾ Tasse heller weicher brauner Zucker

2 große Eier, bei Küchentemperatur

175 ml/6 fl oz/¾ Tasse Sonnenblumenöl

5 ml/1 TL Vanilleessenz (Extrakt)

30 ml/2 EL kalte Milch

150 g/5 oz/1¼ Tassen einfaches (Allzweck-)Mehl

5 ml/1 TL Backpulver

4 ml/¾ TL Natron (Backpulver)

5 ml/1 TL gemischtes (Apfelkuchen-) Gewürz

Für das Frischkäse-Frosting:
175 g/6 oz/¾ Tasse Vollfett-Frischkäse, bei Küchentemperatur
5 ml/1 TL Vanilleessenz (Extrakt)
75 g/3 oz/½ Tasse Puderzucker, gesiebt
15 ml/1 EL frisch gepresster Zitronensaft

Für den Kuchen eine Mikrowellen-Ringform mit 20 cm Durchmesser mit Öl auspinseln und den Boden mit Antihaft-Pergamentpapier auslegen. Die Karotten- und Walnussstücke in einen Mixer oder eine Küchenmaschine geben und die Maschine laufen lassen, bis beides grob zerkleinert ist. In eine Schüssel umfüllen und Datteln, Zucker, Eier, Öl, Vanilleessenz und Milch einarbeiten. Die trockenen Zutaten zusammen sieben und dann mit einer Gabel in die Karottenmischung einrühren. In die vorbereitete Form übertragen. Mit Frischhaltefolie (Plastikfolie) abdecken und zweimal aufschlitzen, damit der Dampf entweichen kann. 6 Minuten auf voller Stufe garen, dabei dreimal wenden. 15 Minuten stehen lassen, dann auf ein Gitter stürzen. Entfernen Sie das Papier. Nach dem vollständigen Abkühlen auf einen Teller stürzen.

Für das Frischkäse-Frosting den Käse glatt rühren. Fügen Sie die restlichen Zutaten hinzu und schlagen Sie sie leicht, bis sie glatt sind. Oben auf dem Kuchen dick verteilen.

Pastinaken-Kuchen

Serviert 8

Wie Karottenkuchen zubereiten, aber die Karotten durch 3 kleine Pastinaken ersetzen.

Kürbiskuchen

Serviert 8

Wie Karottenkuchen zubereiten, aber die Karotten durch geschälten Kürbis ersetzen, so dass ein mittelgroßer Keil entsteht, der etwa 175 g/6 oz entkerntes Fruchtfleisch ergeben sollte. Ersetzen Sie das Licht durch dunklen, weichen braunen Zucker und das gemischte Gewürz (Apfelkuchen) durch Piment.

Serviert 8

Kardamom wird viel in der skandinavischen Backkunst verwendet und dieser Kuchen ist ein typisches Beispiel für Exotik der nördlichen Hemisphäre. Probieren Sie Ihren lokalen ethnischen Lebensmittelladen aus, wenn Sie Probleme haben, den gemahlenen Kardamom zu bekommen.

Für den Kuchen:

175 g/6 oz/1½ Tassen selbstaufgehendes (selbstaufgehendes) Mehl

2,5 ml/½ TL Backpulver

75 g Butter oder Margarine bei Küchentemperatur

75 g/3 oz/2/3 Tasse heller weicher brauner Zucker

10 ml/2 TL gemahlener Kardamom

139

1 Ei

Kalte Milch

Für den Belag:

30 ml/2 EL Mandelblättchen, geröstet

30 ml/2 EL heller weicher brauner Zucker

5 ml/1 TL gemahlener Zimt

Legen Sie eine tiefe Schale mit 16,5 cm Durchmesser mit Frischhaltefolie (Plastikfolie) aus und lassen Sie sie ganz leicht über den Rand hängen. Mehl und Backpulver in eine Schüssel sieben und die Butter oder Margarine fein einreiben. Zucker und Kardamom dazugeben. Das Ei in einem Messbecher aufschlagen und mit Milch auf 150 ml/¼ Pt/2/3 Tasse auffüllen. Mit einer Gabel in die trockenen Zutaten einrühren, bis alles gut vermischt ist, aber Schlagen vermeiden. In die vorbereitete Form gießen. Die Zutaten für das Topping vermischen und über den Kuchen streuen. Mit Frischhaltefolie abdecken und zweimal aufschlitzen, damit der Dampf entweichen kann. 4 Minuten auf Vollgas garen, dabei zweimal wenden. 10 Minuten stehen lassen, dann vorsichtig auf ein Gitter legen, indem man die Frischhaltefolie festhält. Ziehen Sie die Frischhaltefolie vorsichtig ab, wenn der Kuchen kalt ist.

Früchteteebrot

Ergibt 8 Scheiben

225 g/8 oz/11/3 Tassen gemischte Trockenfrüchte

(Obstkuchenmischung)

100 g/3½ oz/½ Tasse dunkler weicher brauner Zucker

30 ml/2 EL kalter starker schwarzer Tee

100 g/4 oz/1 Tasse selbstaufgehendes (selbstaufgehendes)

Vollkornmehl

5 ml/1 TL gemahlener Piment

1 Ei, bei Küchentemperatur, geschlagen

8 ganze Mandeln, blanchiert

30 ml/2 EL goldener (heller Mais) Sirup

Butter, zum Streichen

Legen Sie den Boden und die Seite einer Auflaufform mit 15 cm Durchmesser eng mit Frischhaltefolie (Plastikfolie) aus und lassen Sie sie ganz leicht über die Seite hängen. Obst, Zucker und Tee in eine Schüssel geben, mit einem Teller abdecken und 5 Minuten auf Vollgas garen. Mehl, Piment und Ei mit einer Gabel unterrühren, dann in die vorbereitete Form geben. Die Mandeln darauf anrichten. Locker mit Küchenpapier abdecken und auf Auftauen 8–9 Minuten backen, bis der Kuchen gut aufgegangen ist und beginnt, sich vom Rand der Form zu lösen. 10 Minuten stehen lassen, dann auf ein Gitter legen, indem man die Frischhaltefolie festhält. Erwärmen Sie den Sirup in einer Tasse auf Auftauen für 1½ Minuten. Ziehen Sie die Frischhaltefolie vom Kuchen ab und bestreichen Sie die Oberseite mit dem erwärmten Sirup. Aufgeschnitten und gebuttert servieren.

Victoria-Sandwich-Kuchen

Serviert 8

175 g/6 oz/1½ Tassen selbstaufgehendes (selbstaufgehendes) Mehl

175 g Butter oder Margarine bei Küchentemperatur

175 g/6 oz/¾ Tasse Streuzucker (superfeiner) Zucker

3 Eier, bei Küchentemperatur

45 ml/3 EL kalte Milch

45 ml/3 EL Marmelade (Konfitüre)

120 ml/4 fl oz/½ Tasse doppelte (schwere) oder Schlagsahne,
geschlagen
Puderzucker, gesiebt, zum Bestäuben

Legen Sie die Böden und Seiten von zwei flachen Schalen mit einem Durchmesser von 20 cm/8 Zoll mit Frischhaltefolie (Plastikfolie) aus und lassen Sie sie ganz leicht über den Rand hängen. Das Mehl auf einen Teller sieben. Butter oder Margarine und Zucker schaumig schlagen, bis die Mischung leicht und locker ist und die Konsistenz von Schlagsahne hat. Die Eier einzeln unterschlagen und jeweils 15 ml/1 EL Mehl zugeben. Das restliche Mehl abwechselnd mit der Milch mit einem großen Metalllöffel unterheben. Gleichmäßig auf die vorbereiteten Gerichte verteilen. Mit Küchenpapier locker abdecken. Koche einen nach dem anderen auf Voll für 4 Minuten. Lauwarm abkühlen lassen, dann auf ein Kuchengitter stürzen. Ziehen Sie die Frischhaltefolie ab und lassen Sie sie vollständig erkalten. Mit Marmelade und Schlagsahne belegen und vor dem Servieren mit Puderzucker bestäuben.

Walnusskuchen

Serviert 8

175 g/6 oz/1½ Tassen selbstaufgehendes (selbstaufgehendes) Mehl
175 g Butter oder Margarine bei Küchentemperatur
5 ml/1 TL Vanilleessenz (Extrakt)
175 g/6 oz/¾ Tasse Streuzucker (superfeiner) Zucker
3 Eier, bei Küchentemperatur

50 g/2 oz/½ Tasse Walnüsse, fein gehackt

45 ml/3 EL kalte Milch

2 Mengen Buttercremeglasur

16 Walnusshälften zum Dekorieren

Legen Sie die Böden und Seiten von zwei flachen Schalen mit einem Durchmesser von 20 cm/8 Zoll mit Frischhaltefolie (Plastikfolie) aus und lassen Sie sie ganz leicht über den Rand hängen. Das Mehl auf einen Teller sieben. Butter oder Margarine, Vanilleessenz und Zucker schaumig rühren, bis die Masse leicht und locker ist und die Konsistenz von Schlagsahne hat. Die Eier einzeln unterschlagen und jeweils 15 ml/1 EL Mehl zugeben. Mit einem großen Metalllöffel die Walnüsse mit dem restlichen Mehl abwechselnd mit der Milch unterheben. Gleichmäßig auf die vorbereiteten Gerichte verteilen. Mit Küchenpapier locker abdecken. Koche einen nach dem anderen auf Voll für 4½ Minuten. Lauwarm abkühlen lassen, dann auf ein Kuchengitter stürzen. Ziehen Sie die Frischhaltefolie ab und lassen Sie sie vollständig erkalten. Sandwich mit der Hälfte der Glasur (Zuckerguss) und den Rest auf den Kuchen geben.

Johannisbrotkuchen

Serviert 8

Wie Victoria Sandwich Cake zubereiten, aber 25 g/1 oz/¼ Tasse Maisstärke (Maisstärke) und 25 g/1 oz/¼ Tasse Johannisbrotkernmehl durch 50 g/2 oz/½ Tasse Mehl ersetzen. Sandwich zusammen mit

Sahne und/oder Dosen- oder frischem Obst. Nach Belieben 5 ml/1 TL Vanilleessenz (Extrakt) zu den cremigen Zutaten geben.

Einfacher Schokoladenkuchen

Serviert 8

Wie Victoria Sandwich Cake zubereiten, aber 25 g/1 oz/¼ Tasse Maisstärke (Maisstärke) und 25 g/1 oz/¼ Tasse Kakaopulver (ungesüßte Schokolade) durch 50 g/2 oz/½ Tasse Mehl ersetzen. Sandwich zusammen mit Sahne und/oder Schokoladenaufstrich.

Mandelkuchen

Serviert 8

Wie Victoria Sandwich Cake zubereiten, aber die gleiche Menge Mehl durch 40 g/1½ oz/3 EL gemahlene Mandeln ersetzen. Die cremigen Zutaten mit 2,5–5 ml/½–1 TL Mandelessenz (Extrakt) abschmecken. Sandwich zusammen mit glatter Aprikosenmarmelade (Konfitüre) und einer dünnen Runde Marzipan (Mandelpaste).

Victoria-Sandwich-Torte

Serviert 8

Zubereiten wie Victoria Sandwich Cake oder eine der Variationen. Sandwich zusammen mit Sahne oder Buttercremeglasur (Zuckerguss) und/oder Marmelade (Konfitüre), Schokoladenaufstrich, Erdnussbutter, Orangen- oder Zitronenquark, Orangenmarmelade,

Fruchtfüllung aus der Dose, Honig oder Marzipan (Mandelpaste). Bestreichen Sie die Oberseite und die Seite mit Sahne oder Buttercremeglasur. Mit frischen oder eingelegten Früchten, Nüssen oder Dragees dekorieren. Für einen noch reichhaltigeren Kuchen halbieren Sie jede gebackene Schicht, um vor dem Füllen insgesamt vier Schichten zu erhalten.

Kindergarten-Tee-Biskuit

Ergibt 6 Scheiben

75 g/3 oz/2/3 Tasse Streuzucker (superfeiner) Zucker
3 Eier, bei Küchentemperatur
75 g/3 oz/¾ Tasse einfaches (Allzweck-)Mehl

90 ml/6 EL doppelte (schwere) oder Schlagsahne, geschlagen
45 ml/3 EL Marmelade (Konfitüre)
Puderzucker, zum Bestreuen

Legen Sie den Boden und die Seite einer Auflaufform mit 18 cm Durchmesser mit Frischhaltefolie (Plastikfolie) aus und lassen Sie sie ganz leicht über den Rand hängen. Den Zucker in eine Schüssel geben und ohne Deckel 30 Sekunden lang auftauen lassen. Fügen Sie die Eier hinzu und schlagen Sie, bis die Mischung aufschäumt und die Konsistenz von Schlagsahne erreicht. Das Mehl mit einem Metalllöffel vorsichtig und leicht schneiden und unterheben. Nicht schlagen oder rühren. Wenn die Zutaten gut vermischt sind, auf das vorbereitete Gericht geben. Mit Küchenpapier locker abdecken und 4 Minuten auf Vollgas garen. 10 Minuten stehen lassen, dann auf ein Gitter legen, indem man die Frischhaltefolie festhält. Nach dem Erkalten die Frischhaltefolie abziehen. In zwei Hälften teilen und zusammen mit der Sahne und der Marmelade sandwichen. Vor dem Servieren die Oberseite mit Puderzucker bestreuen.

Zitronen-Biskuit

Ergibt 6 Scheiben

Zubereitung wie Kindertee-Biskuit, jedoch unmittelbar vor der Mehlzugabe 10 ml/2 TL fein geriebene Zitronenschale in die erwärmte

Ei-Zucker-Mischung geben. Sandwich zusammen mit Lemon Curd und dicker Sahne.

Orangen-Biskuit

Ergibt 6 Scheiben

Zubereiten wie Kindertee-Biskuit, jedoch unmittelbar vor der Mehlzugabe 10 ml/2 TL fein geriebene Orangenschale zur erwärmten Ei-Zucker-Mischung geben. Sandwich zusammen mit Schokoladenaufstrich und dicker Sahne.

Espresso-Kaffee-Kuchen

Serviert 8

250 g/8 oz/2 Tassen selbstaufgehendes (selbstaufgehendes) Mehl
15 ml/1 EL/2 Beutel Instant-Espresso-Kaffeepulver
125 g Butter oder Margarine

125 g/4 oz/½ Tasse dunkler weicher brauner Zucker
2 Eier, bei Küchentemperatur
75 ml/5 EL kalte Milch

Legen Sie den Boden und die Seite einer Auflaufform mit 18 cm Durchmesser mit Frischhaltefolie (Plastikfolie) aus und lassen Sie sie ganz leicht über den Rand hängen. Mehl und Kaffeepulver in eine Schüssel sieben und mit Butter oder Margarine verreiben. Fügen Sie den Zucker hinzu. Eier und Milch gut verquirlen, dann mit einer Gabel gleichmäßig unter die trockenen Zutaten mischen. In die vorbereitete Form geben und locker mit Küchenpapier abdecken. 6½–7 Minuten auf Vollgas backen, bis der Kuchen gut aufgegangen ist und gerade beginnt, sich vom Rand der Form zu lösen. 10 Minuten stehen lassen. Übertragen Sie es auf ein Gitter, indem Sie die Frischhaltefolie festhalten. Wenn der Kuchen vollständig erkaltet ist, die Frischhaltefolie abziehen und den Kuchen in einem luftdichten Behälter aufbewahren.

Espresso-Kaffee-Kuchen mit Orangenglasur

Serviert 8

Machen Sie den Espresso-Kaffee-Kuchen. Stellen Sie etwa 2 Stunden vor dem Servieren eine dicke Glacé-Glasur (Zuckerguss) her, indem Sie 175 g/6 oz/1 Tasse Puderzucker (Puderzucker) mit genügend

Orangensaft mischen, um eine pastenartige Glasur zu erhalten. Auf dem Kuchen verteilen, dann mit geriebener Schokolade, gehackten Nüssen, Hunderten und Tausenden usw. dekorieren.

Espresso-Kaffee-Creme-Torte

Serviert 8

Machen Sie den Espresso Coffee Cake und schneiden Sie ihn in zwei Schichten. 300 ml/½ Pt/1¼ Tassen Doppelrahm mit 60 ml/4 EL kalter Milch steif schlagen. Mit 45 ml/3 EL Feinzucker süßen und mit Espressopulver abschmecken. Verwenden Sie einige, um die Schichten zusammenzuschieben, und verteilen Sie dann den Rest dick auf der Oberseite und der Seite des Kuchens. Die Oberseite mit Haselnüssen spicken.

Rosinen Cup Cakes

Macht 12

125 g/4 oz/1 Tasse selbstaufgehendes (selbstaufgehendes) Mehl

50 g Butter oder Margarine

50 g/2 oz/¼ Tasse Streuzucker (superfeiner) Zucker

30 ml/2 EL Rosinen

1 Ei

30 ml/2 EL kalte Milch

2,5 ml/½ TL Vanilleessenz (Extrakt)

Puderzucker, zum Bestäuben

Das Mehl in eine Schüssel sieben und die Butter oder Margarine fein einreiben. Zucker und Rosinen zugeben. Das Ei mit der Milch und dem Vanillearoma verquirlen und mit einer Gabel unter die trockenen Zutaten rühren und ohne zu schlagen zu einem weichen Teig verrühren. Auf 12 Kuchenförmchen aus Papier (Cupcake-Förmchen) verteilen und jeweils sechs auf den Mikrowellen-Drehteller stellen. Mit Küchenpapier locker abdecken. 2 Minuten auf Vollgas garen. Zum Abkühlen auf ein Kuchengitter geben. Nach dem Erkalten mit gesiebtem Puderzucker bestäuben. In einem luftdichten Behälter aufbewahren.

Kokosnuss Muffins

Macht 12

Zubereitung wie Rosinen-Cup Cakes, aber die Rosinen durch 25 ml/1½ EL Kokosraspeln ersetzen und die Milch auf 25 ml/1½ EL erhöhen.

Schokoladenkuchen

Macht 12

Zubereiten wie Rosinen-Cup Cakes, aber die Rosinen durch 30 ml/2 EL Schokoladenstückchen ersetzen.

Bananen-Gewürzkuchen

Serviert 8

3 große reife Bananen

175 g/6 oz/¾ Tasse Mischung aus Margarine und weißem Speisefett
(Backfett), bei Küchentemperatur
175 g/6 oz/¾ Tasse dunkler weicher brauner Zucker
10 ml/2 TL Backpulver
5 ml/1 TL gemahlener Piment
225 g/8 oz/2 Tassen gemälztes braunes Mehl, wie Kornspeicher
1 großes Ei, geschlagen
15 ml/1 EL gehackte Pekannüsse
100 g/4 oz/2/3 Tasse gehackte Datteln

Legen Sie den Boden und die Seiten einer Auflaufform mit 20 cm Durchmesser eng mit Frischhaltefolie (Plastikfolie) aus und lassen Sie sie ganz leicht über den Rand hängen. Die Bananen schälen und in einer Schüssel gründlich zerdrücken. Beide Fette unterschlagen. Zucker untermischen. Backpulver und Piment mit dem Mehl vermengen. Mit einer Gabel unter die Bananenmischung mit Ei, Nüssen und Datteln rühren. Glatt in der vorbereiteten Schüssel verteilen. Mit Küchenpapier locker abdecken und 11 Minuten auf Vollgas garen, dabei dreimal wenden. 10 Minuten stehen lassen. Übertragen Sie es auf ein Gitter, indem Sie die Frischhaltefolie festhalten. Vollständig abkühlen lassen, dann die Frischhaltefolie abziehen und den Kuchen in einem luftdichten Behälter aufbewahren.

Bananen-Gewürzkuchen mit Ananasglasur

Serviert 8

Machen Sie den Bananen-Gewürzkuchen. Bedecken Sie den Kuchen etwa 2 Stunden vor dem Servieren mit einer dicken Glasur (Glasur), die hergestellt wird, indem Sie 175 g/6 oz/1 Tasse Puderzucker in eine Schüssel sieben und mit ein paar Tropfen zu einer pastenartigen Glasur verrühren Ananassaft. Wenn es fest ist, mit getrockneten Bananenchips dekorieren.

Buttercremeglasur

Ergibt 225 g/8 oz/1 Tasse

75 g/3 oz/1/3 Tasse Butter, bei Küchentemperatur
175 g/6 oz/1 Tasse Puderzucker, gesiebt
10 ml/2 TL kalte Milch
5 ml/1 TL Vanilleessenz (Extrakt)
Puderzucker zum Bestäuben (optional)

Die Butter schaumig schlagen, dann den Zucker nach und nach unterschlagen, bis er hell, schaumig und sein Volumen verdoppelt hat. Mischen Sie Milch und Vanilleessenz ein und schlagen Sie die Glasur (Zuckerguss) glatt und dick.

Schokoladen-Fudge-Zuckerguss

Ergibt 350 g/12 oz/1½ Tassen

Ein Zuckerguss (Zuckerguss) nach amerikanischer Art, der zum Belegen jedes einfachen Kuchens nützlich ist.

30 ml/2 EL Butter oder Margarine

60 ml/4 EL Milch

30 ml/2 EL Kakaopulver (ungesüßte Schokolade).

5 ml/1 TL Vanilleessenz (Extrakt)

300 g/10 oz/12/3 Tassen Puderzucker, gesiebt

Butter oder Margarine, Milch, Kakao und Vanilleessenz in eine Schüssel geben. Ohne Deckel 4 Minuten auftauen lassen, bis es heiß und das Fett geschmolzen ist. Den gesiebten Puderzucker unterschlagen, bis die Glasur glatt und ziemlich dick ist. Sofort verwenden.

Macht 8

100 g getrocknete Apfelringe
75 g/3 oz/¾ Tasse selbstaufgehendes (selbstaufgehendes)
Vollkornmehl
75 g/3 oz/¾ Tasse Haferflocken
75 g Margarine
75 g/3 oz/2/3 Tasse dunkler weicher brauner Zucker
6 kalifornische Pflaumen, gehackt

Die Apfelringe über Nacht in Wasser einweichen. Legen Sie den Boden und die Seite einer flachen Schale mit 18 cm Durchmesser eng mit Frischhaltefolie (Plastikfolie) aus und lassen Sie sie ganz leicht über den Rand hängen. Mehl und Haferflocken in eine Schüssel geben, Margarine dazugeben und mit den Fingerspitzen fein verreiben. Mit dem Zucker zu einer krümeligen Masse verrühren. Die Hälfte auf dem Boden der vorbereiteten Form verteilen. Die Apfelringe abtropfen lassen und hacken. Drücken Sie vorsichtig mit den Pflaumen über die Haferflockenmischung. Den Rest der Haferflockenmischung gleichmäßig darüber streuen. Ohne Deckel 5½–6 Minuten auf Vollgas garen. In der Form vollständig auskühlen lassen. An der Frischhaltefolie festhalten, herausheben, dann die Frischhaltefolie abziehen und in Keile schneiden. In einem luftdichten Behälter aufbewahren.

Macht 8

Bereiten Sie sich wie bei Fruited Health Wedges vor, aber

Ersetzen Sie die Pflaumen durch 6 getrocknete Aprikosen, gut

gewaschen.

Shortbread

Ergibt 12 Keile

225 g/8 oz/1 Tasse ungesalzene (süße) Butter bei Küchentemperatur
125 g/4 oz/½ Tasse Puderzucker (superfeiner) Zucker, plus extra zum
Bestreuen
350 g/12 oz/3 Tassen einfaches (Allzweck-)Mehl

Fetten Sie eine tiefe Schale mit einem Durchmesser von 20 cm/8 Zoll
ein und richten Sie sie aus. Butter und Zucker cremig aufschlagen, bis
sie leicht und luftig sind, dann das Mehl untermischen, bis es glatt und
gleichmäßig vermischt ist. Glatt in der vorbereiteten Form verteilen
und mit einer Gabel überall einstechen. Ohne Deckel 20 Minuten auf
Auftauen garen. Aus der Mikrowelle nehmen und mit 15 ml/1 EL
Puderzucker bestreuen. Noch leicht warm in 12 Spalten schneiden.
Vorsichtig auf ein Kuchengitter geben und vollständig abkühlen
lassen. In einem luftdichten Behälter aufbewahren.

Extra knuspriges Shortbread

Ergibt 12 Keile

Wie Shortbread zubereiten, aber 25 g/1 oz/¼ Tasse Mehl durch 25 g/1 oz/¼ Tasse Grieß (Weizencreme) ersetzen.

Extra glattes Shortbread

Ergibt 12 Keile

Wie Shortbread zubereiten, aber 25 g/1 oz/¼ Tasse Mehl durch 25 g/1 oz/¼ Tasse Maisstärke (Maisstärke) ersetzen.

Würziges Shortbread

Ergibt 12 Keile

Zubereiten wie Shortbread, aber 10 ml/2 TL gemischte (Apfelkuchen-) Gewürze mit dem Mehl sieben.

Shortbread nach holländischer Art

Ergibt 12 Keile

Bereiten Sie es wie Shortbread vor, aber ersetzen Sie das normale Mehl durch selbstaufgehendes (selbstaufgehendes) Mehl und sieben

Sie 10 ml / 2 TL gemahlenen Zimt mit dem Mehl. Vor dem Garen die Oberseite mit 15–30 ml/1–2 EL Sahne bestreichen, dann leicht geröstete Mandelblättchen leicht andrücken.

Zimtkugeln

Macht 20

Eine Pessachfest-Spezialität, eine Mischung aus Keks (Keks) und Kuchen, die sich in der Mikrowelle besser zu verhalten scheint als beim herkömmlichen Backen.

2 große Eiweiße
125 g/4 oz/½ Tasse Streuzucker (superfeiner) Zucker
30 ml/2 EL gemahlener Zimt
225 g/8 oz/2 Tassen gemahlene Mandeln
Gesiebter Puderzucker

Das Eiweiß schlagen, bis es gerade zu schäumen beginnt, dann Zucker, Zimt und Mandeln unterrühren. Mit feuchten Händen 20 Kugeln rollen. In zwei Ringen, einen direkt in den anderen, um den Rand eines großen flachen Tellers legen. Ohne Deckel 8 Minuten auf Vollgas garen, dabei den Teller viermal wenden. Abkühlen bis gerade warm, dann in Puderzucker wälzen, bis jeder stark bedeckt ist. Vollständig abkühlen lassen und in einem luftdichten Behälter aufbewahren.

Golden Brandy Snaps

Macht 14

Herkömmlich ziemlich schwierig herzustellen, funktionieren diese wie ein Traum in der Mikrowelle.

50 g Butter

50 g/2 oz/1/6 Tasse goldener (leichter Mais) Sirup

40 g/1½ oz/3 EL goldener Kristallzucker

40 g/1½ oz/1½ EL gemälztes braunes Mehl, z. B. Kornspeicher

2,5 ml/½ TL gemahlener Ingwer

150 ml/¼ pt/2/3 Tasse doppelt (schwer) oder Schlagsahne, geschlagen

Die Butter in eine Schüssel geben und unbedeckt auf dem Auftauen 2–2½ Minuten schmelzen. Sirup und Zucker zugeben und gut verrühren. Ohne Deckel 1 Minute auf Vollgas garen. Mehl und Ingwer unterrühren. Geben Sie vier 5-ml-/1-TL-große Löffel der Mischung mit sehr großem Abstand direkt auf das Mikrowellenglas oder den Kunststoffdrehteller. 1½–1¾ Minuten auf Vollgas garen, bis die Brandy-Snaps zu bräunen beginnen und oben spitzenartig aussehen. Heben Sie den Drehteller vorsichtig aus der Mikrowelle und lassen Sie die Kekse 5 Minuten stehen. Nacheinander mit Hilfe eines Spachtelmessers abheben. Rund um den Griff eines großen Holzlöffels rollen. Drücken Sie die Verbindungen mit den Fingerspitzen zusammen und schieben Sie sie bis zum Schüsselende des Löffels. Wiederholen Sie dies mit den restlichen drei Keksen. Wenn sie fest sind, vom Griff nehmen und auf ein Drahtkühlgestell legen. Wiederholen, bis die restliche Mischung aufgebraucht ist. In einer luftdichten Dose aufbewahren. Vor dem Essen dicke Sahne in beide Enden jedes Brandy-Snaps spritzen und am selben Tag essen, an dem sie beim Stehen weich werden.

Schoko-Brandy-Schnappschüsse

Macht 14

Wie für Golden Brandy Snaps zubereiten. Vor dem Füllen mit Sahne auf einem Backblech anrichten und die oberste Fläche mit geschmolzener dunkler oder weißer Schokolade bestreichen. Erstarren lassen, dann die Sahne hinzugeben.

Brötchen-Scones

Macht etwa 8

Diese Mischung aus Brötchen und Scones ist außergewöhnlich leicht und ein köstlicher Leckerbissen, der noch warm gegessen und mit Butter und einer Auswahl an Marmelade (Konfitüre) oder Heidehonig bestrichen wird.

225 g/8 oz/2 Tassen Vollkornmehl

5 ml/1 TL Weinstein

5 ml/1 TL Natron (Backpulver)

1,5 ml/¼ TL Salz

20 ml/4 TL Streuzucker (superfeiner) Zucker

25 g/1 oz/2 EL Butter oder Margarine

150 ml/¼ Pt/2/3 Tasse Buttermilch, oder ersetzen Sie eine Mischung aus halb Naturjoghurt und halb entrahmter Milch, falls nicht verfügbar

Verquirltes Ei zum Bestreichen

Extra 5 ml/1 TL Zucker gemischt mit 2,5 ml/½ TL gemahlenem Zimt

zum Bestreuen

Mehl, Weinstein, Natron und Salz in eine Schüssel sieben. Zucker einrieseln lassen und mit Butter oder Margarine fein einreiben. Buttermilch (oder Ersatz) dazugeben und mit einer Gabel zu einem ziemlich weichen Teig verkneten. Auf eine bemehlte Oberfläche stürzen und schnell und leicht kneten, bis sie glatt sind. Gleichmäßig 1 cm/½ Zoll dick ausklopfen, dann mit einem 5 cm/2 Zoll Keksausstecher in Kreise schneiden. Rollen Sie die Zutaten erneut auf und schneiden Sie sie weiter in Runden. Rund um den Rand eines gebutterten 25 cm/10 Zoll flachen Tellers legen. Mit Ei bestreichen und mit der Zucker-Zimt-Mischung bestreuen. Ohne Deckel 4 Minuten auf Vollgas garen, dabei den Teller viermal wenden. 4 Minuten stehen lassen, dann auf ein Kuchengitter geben. Noch warm essen.

Rosinenbrötchen-Scones

Macht etwa 8

Wie Bun Scones zubereiten, jedoch 15 ml/1 EL Rosinen mit dem Zucker hinzugeben.

Jede Flüssigkeit, die in Hefebrot verwendet wird, muss lauwarm sein – nicht heiß oder kalt. Der beste Weg, um die richtige Temperatur zu erreichen, besteht darin, halb kochende Flüssigkeit mit halb kalter Flüssigkeit zu mischen. Wenn es sich immer noch heiß anfühlt, wenn Sie den zweiten Fingerknöchel Ihres kleinen Fingers eintauchen, kühlen Sie es vor der Verwendung leicht ab. Zu heiße Flüssigkeit ist eher ein Problem als zu kalte Flüssigkeit, da sie die Hefe abtöten und das Aufgehen des Brotes verhindern kann.

Basischer Weißbrotteig

Ergibt 1 Brot

Ein schneller Brotteig für alle, die gerne backen, aber wenig Zeit haben.

450 g/1 lb/4 Tassen starkes einfaches (Brot-)Mehl

5 ml/1 TL Salz

1 Beutel Easy-Blend-Trockenhefe

30 ml/2 EL Butter, Margarine, weißes Speisefett (Backfett) oder

Schmalz

300 ml/½ Pt/1¼ Tassen lauwarmes Wasser

Mehl und Salz in eine Schüssel sieben. Warm, unbedeckt, auf 1 Minute auftauen. Die Hefe hinzufügen und das Fett einreiben. Mit dem Wasser zu einem Teig verrühren. Auf einer bemehlten Fläche kneten, bis er glatt, elastisch und nicht mehr klebrig ist. Kehren Sie in die gereinigte und getrocknete, aber jetzt leicht eingefettete Schüssel zurück. Decken Sie die Schüssel selbst, nicht den Teig, mit Frischhaltefolie (Plastikfolie) ab und schlitzen Sie sie zweimal auf, damit der Dampf entweichen kann. Auftauen für 1 Minute erwärmen. 5 Minuten in der Mikrowelle ruhen lassen. Drei- bis viermal wiederholen, bis sich der Teig verdoppelt hat. Kurz nachkneten, dann wie in herkömmlichen Rezepten oder in den folgenden Mikrowellenrezepten verwenden.

Einfacher Schwarzbrotteig

Ergibt 1 Brot

Befolgen Sie das Rezept für einfachen Weißbrotteig, aber verwenden Sie anstelle des starken (einfachen) Brotmehls eines der folgenden:

- halb Weiß- und halb Vollkornmehl

- alles Vollkornmehl

- halb gemälztes Vollkornmehl und halb weißes Mehl

-

Basischer Milchbrotteig

Ergibt 1 Brot

Befolgen Sie das Rezept für einfachen Weißbrotteig, aber verwenden Sie anstelle des Wassers eines der folgenden:

- alles Magermilch

- halb Vollmilch und halb Wasser

Bap-Laib

Ergibt 1 Brot

Ein heller Laib mit weicher Kruste, der im Norden Großbritanniens häufiger gegessen wird als im Süden.

Stellen Sie entweder den Basis-Weißbrotteig, den Basis-Schwarzbrotteig oder den Basis-Milchbrotteig her. Nach dem ersten Aufgehen schnell und leicht durchkneten, dann zu einem etwa 5 cm dicken Kreis formen. Auf einen gefetteten und bemehlten runden flachen Teller stellen. Mit Küchenpapier abdecken und 1 Minute auftauen lassen. 4 Minuten ruhen lassen. Drei- bis viermal wiederholen, bis sich der Teig verdoppelt hat. Mit weißem oder braunem Mehl bestreuen. Ohne Deckel 4 Minuten auf Vollgas garen. Auf einem Kuchengitter abkühlen.

Bap-Rollen

Macht 16

Stellen Sie entweder den Basis-Weißbrotteig, den Basis-Schwarzbrotteig oder den Basis-Milchbrotteig her. Nach dem ersten Aufgehen schnell und leicht durchkneten, dann gleichmäßig in 16 Stücke teilen. Zu flachen Runden formen. Jeweils acht Keulen am Rand von zwei gefetteten und bemehlten Tellern anrichten. Mit Küchenpapier abdecken und Teller für Teller 1 Minute lang auftauen lassen, dann 4 Minuten ruhen lassen und drei- oder viermal wiederholen, bis sich die Größe der Brötchen verdoppelt hat. Mit weißem oder braunem Mehl bestreuen. Ohne Deckel 4 Minuten auf Vollgas garen. Auf einem Kuchengitter abkühlen.

Hamburgerbrötchen

Macht 12

Zubereiten wie Bap Rolls, aber den Teig in 12 statt 16 Stücke teilen. Jeweils sechs Brötchen an den Rand von zwei Tellern legen und nach Anweisung backen.

Fruchtige süße Bap Rolls

Macht 16

Zubereiten wie Bap Rolls, aber 60 ml/4 EL Rosinen und 30 ml/2 EL Kristallzucker zu den trockenen Zutaten geben, bevor die Flüssigkeit untergemischt wird.

Cornish-Splits

Macht 16

Wie Bap Rolls zubereiten, aber die Oberseiten vor dem Garen nicht mit Mehl bestreuen. Kalt halbieren und mit dicker Sahne oder Clotted Cream und Erdbeer- oder Himbeermarmelade (Konfitüre) füllen. Die Spitzen kräftig mit gesiebtem Puderzucker bestäuben. Am selben Tag essen.

Macht 16

Stellen Sie entweder den Basis-Weißbrotteig, den Basis-Schwarzbrotteig oder den Basis-Milchbrotteig her. Nach dem ersten Aufgehen schnell und leicht durchkneten, dann gleichmäßig in 16 Stücke teilen. Vier Stücke zu runden Rollen formen und jeweils oben einen Schlitz schneiden. Vier Stücke zu je 20 cm langen Seilen rollen und verknoten. Aus vier Stücken Baby Vienna Laibe formen und jeweils drei diagonale Schlitze machen. Die restlichen vier Teile jeweils in drei Teile teilen, zu schmalen Strängen rollen und zusammenflechten. Alle Rollen auf ein gefettetes und bemehltes Backblech legen und im Warmen gehen lassen, bis sich ihre Größe verdoppelt hat. Die Oberseiten mit Ei bestreichen und bei 230°C/450°F/Gas Stufe 8 15–20 Minuten lang konventionell backen. Aus dem Ofen nehmen und die Brötchen auf einen Rost legen. Kühl in einem luftdichten Behälter aufbewahren.

Brötchen mit Toppings

Macht 16

Wie Fancy Rolls zubereiten. Nachdem Sie die Oberseite der Brötchen mit Ei bestrichen haben, bestreuen Sie sie mit einem der folgenden Zutaten: Mohn, gerösteter Sesam, Fenchelsamen, Haferflocken, Weizenschrot, geriebener Hartkäse, grobes Meersalz, aromatisierte Gewürzsalze.

Kümmelbrot

Ergibt 1 Brot

Bereiten Sie den Schwarzbrot-Basisteig zu, indem Sie 10-15 ml/2–3 TL Kümmel zu den trockenen Zutaten geben, bevor Sie die Flüssigkeit untermischen. Nach dem ersten Aufgehen leicht durchkneten, dann zu einer Kugel formen. In eine gerade, eingefettete runde Schüssel mit 450 ml/¾ pt/2 Tassen geben. Mit Küchenpapier abdecken und 1 Minute auftauen lassen. 4 Minuten ruhen lassen. Drei- bis viermal wiederholen, bis sich der Teig verdoppelt hat. Mit verquirltem Ei bestreichen und mit grobem Salz und/oder extra Kümmel bestreuen. Mit Küchenpapier abdecken und 5 Minuten auf voller Stufe garen, dabei die Form einmal wenden. Auf Vollgas weitere 2 Minuten garen. 15 Minuten ruhen lassen, dann vorsichtig auf ein Gitter stürzen.

Roggenbrot

Ergibt 1 Brot

Den Basis-Schwarzbrotteig aus je zur Hälfte Vollkorn- und Roggenmehl herstellen. Backen wie Bap Loaf.

Öl Brot

Ergibt 1 Brot

Stellen Sie entweder den einfachen Weißbrotteig oder den einfachen Schwarzbrotteig her, aber ersetzen Sie die anderen Fette durch Oliven-, Walnuss- oder Haselnussöl. Bleibt der Teig auf der klebrigen Seite, noch etwas Mehl einarbeiten. Wie Bap-Brot backen.

Italienisches Brot

Ergibt 1 Brot

Bereiten Sie den Weißbrot-Basisteig zu, ersetzen Sie jedoch die anderen Fette durch Olivenöl und geben Sie 15 ml/1 EL rotes Pesto und 10 ml/2 TL sonnengetrocknetes Tomatenpüree (Paste) zu den trockenen Zutaten, bevor Sie die Flüssigkeit untermischen. Wie Bap Loaf backen, zusätzliche 30 Sekunden einplanen.

Spanisches Brot

Ergibt 1 Brot

Bereiten Sie den einfachen Weißbrotteig zu, ersetzen Sie jedoch die anderen Fette durch Olivenöl und fügen Sie 30 ml/2 EL getrocknete Zwiebeln (im trockenen Zustand) und 12 gehackte gefüllte Oliven zu den trockenen Zutaten hinzu, bevor Sie die Flüssigkeit untermischen. Wie Bap Loaf backen, zusätzliche 30 Sekunden einplanen.

Ergibt 1 Brot

Bereiten Sie den einfachen Weißbrotteig zu, ersetzen Sie die anderen Fette jedoch durch geschmolzenes Ghee oder Maisöl und fügen Sie 15 ml/1 EL Tikka-Gewürzmischung und die Samen von 5 grünen Kardamomkapseln zu den trockenen Zutaten hinzu, bevor Sie die Flüssigkeit untermischen. Wie Bap Loaf backen, zusätzliche 30 Sekunden einplanen.

Fruchtiges Malzbrot

Ergibt 2 Brote

450 g/1 lb/4 Tassen starkes einfaches (Brot-)Mehl

10 ml/2 TL Salz

1 Beutel Easy-Blend-Trockenhefe

60 ml/4 EL gemischte Johannisbeeren und Rosinen

60 ml/4 EL Malzextrakt

15 ml/1 EL schwarzer Sirup (Melasse)

25 g/1 oz/2 EL Butter oder Margarine

45 ml/3 EL lauwarme Magermilch

150 ml/¼ pt/2/3 Tasse lauwarmes Wasser

Butter, zum Streichen

Mehl und Salz in eine Schüssel sieben. Hefe und Trockenfrüchte unterheben. Malzextrakt, Sirup und Butter oder Margarine in eine kleine Schüssel geben. Unbedeckt schmelzen, auftauen für 3 Minuten. Mit der Milch und so viel Wasser zum Mehl geben, dass ein weicher, aber nicht klebriger Teig entsteht. Auf einer bemehlten Fläche kneten, bis er glatt, elastisch und nicht mehr klebrig ist. In zwei gleiche Stücke teilen. Jeweils so formen, dass sie in eine eingefettete runde oder rechteckige Form mit 900 ml/1½ pt/3¾ Tasse passen. Decken Sie das Geschirr, nicht den Teig, mit Frischhaltefolie (Plastikfolie) ab und

schlitzen Sie es zweimal auf, damit der Dampf entweichen kann.
Auftauen für 1 Minute zusammen erwärmen. 5 Minuten stehen lassen.
Drei- bis viermal wiederholen, bis sich der Teig verdoppelt hat.
Entfernen Sie die Frischhaltefolie. Stellen Sie das Geschirr
nebeneinander in die Mikrowelle und garen Sie es ohne Deckel 2
Minuten lang auf Vollgas. Geschirr umdrehen und weitere 2 Minuten
garen. Noch einmal wiederholen. 10 Minuten stehen lassen. Auf ein
Gitter stürzen. In einem luftdichten Behälter aufbewahren, wenn es
vollständig kalt ist. 1 Tag ruhen lassen, dann in Scheiben schneiden
und mit Butter bestreichen.

Irisches Soda-Brot

Ergibt 4 kleine Brote

200 ml/7 fl oz/knapp 1 Tasse Buttermilch oder je 60 ml/4 EL

Magermilch und Naturjoghurt

75 ml/5 EL Vollmilch

350 g Vollkornmehl

125 g/4 oz/1 Tasse einfaches (Allzweck-)Mehl

10 ml/2 TL Natron (Backpulver)

5 ml/1 TL Weinstein

5 ml/1 TL Salz

50 g/2 oz/¼ Tasse Butter, Margarine oder weißes Speisefett (Backfett)

Fetten Sie einen 25 cm großen Teller gründlich ein. Buttermilch oder Ersatz und Milch verrühren. Vollkornmehl in eine Schüssel geben und Mehl, Natron, Weinstein und Salz hineinsieben. Das Fett fein einreiben. Die Flüssigkeit auf einmal zugeben und mit einer Gabel zu einem weichen Teig verrühren. Mit bemehlten Händen schnell kneten, bis eine glatte Masse entsteht. Zu einem Kreis von 18 cm formen. Auf die Mitte des Tellers übertragen. Oben mit dem Messerrücken ein tiefes Kreuz einschneiden, dann leicht mit Mehl bestäuben. Mit Küchenpapier locker abdecken und 7 Minuten auf Vollgas garen. Das

Brot geht auf und breitet sich aus. 10 Minuten stehen lassen. Den Teller mit Hilfe einer Fischscheibe abheben und auf ein Kuchengitter legen. Kalt in vier Portionen teilen. In einem luftdichten Behälter nur bis zu 2 Tage aufbewahren, da diese Art von Brot am besten frisch gegessen wird.

Sodabrot mit Kleie

Ergibt 4 kleine Brote

Wie Irish Soda Bread zubereiten, jedoch 60 ml/4 EL grobe Kleie hinzufügen, bevor die Flüssigkeit untergemischt wird.

Altbackenes Brot auffrischen

Legen Sie das Brot oder die Brötchen in eine braune Papiertüte oder legen Sie sie zwischen die Falten eines sauberen Geschirrtuchs (Geschirrtuchs) oder einer Serviette. Auftauen erhitzen, bis sich das Brot auf der Oberfläche leicht warm anfühlt. Essen Sie sofort und wiederholen Sie es nicht mit Resten desselben Brotes.

Griechische Pittas

Ergibt 4 Brote

Bereiten Sie den einfachen Weißbrotteig vor. In vier gleich große Stücke teilen und jedes leicht zu einer Kugel kneten. In Ovale rollen, die in der Mitte jeweils 30 cm lang sind. Leicht mit Mehl bestäuben.

Ränder mit Wasser anfeuchten. Falten Sie jedes in zwei Hälften, indem Sie die obere Kante über die untere bringen. Zum Verschließen die Ränder gut zusammendrücken. Auf ein gefettetes und bemehltes Backblech legen. Sofort in einem herkömmlichen Ofen bei 230°C/450°F/Gas Stufe 8 für 20–25 Minuten backen, bis die Brote gut aufgegangen und tief goldbraun sind. Auf einem Kuchengitter abkühlen. Kurz abkühlen lassen, dann aufschneiden und mit Dips nach griechischer Art und anderen Speisen essen.

Gelierte Kirschen im Hafen

Serviert 6

750 g/1½ lb Sauerkirschen in leichtem Sirup, entkernt (entsteint),
abgetropft und Sirup reserviert
15 ml/1 EL gemahlene Gelatine
45 ml/3 EL Kristallzucker
2,5 ml/½ TL gemahlener Zimt
Tawny-Port
Doppelte (schwere) Sahne, Schlagsahne und gemischte (Apfelkuchen-)
Gewürze zum Dekorieren

30 ml/2 EL des Sirups in einen großen Messbecher geben. Gelatine unterrühren und 2 Minuten weich werden lassen. Mit einer Untertasse abdecken und 2 Minuten auftauen lassen. Rühren, um sicherzustellen, dass die Gelatine geschmolzen ist. Restlichen Kirschsirup, Zucker und Zimt untermischen. Machen Sie bis zu 450 ml/¾ pt/2 Tassen mit Portwein. Wie zuvor zudecken und 2 Minuten auf Vollgas erhitzen,

dabei dreimal umrühren, bis die Flüssigkeit warm ist und sich der Zucker aufgelöst hat. In ein 1,25 Liter/2¼ Pt/5½ Tassen Becken umfüllen und abkühlen lassen. Decken Sie es ab und kühlen Sie es ab, bis die Gelee-Mischung beginnt einzudicken und sich leicht um die Seite des Beckens zu legen. Die Kirschen unterheben und auf sechs Dessertteller verteilen. Kühl stellen, bis es vollständig fest ist. Vor dem Servieren mit dicker Sahne dekorieren und mit gemischten Gewürzen bestäuben.

Gelierte Kirschen in Apfelwein

Serviert 6

Wie Gelierte Kirschen in Portwein zubereiten, aber den Portwein durch starken trockenen Apfelwein und den Zimt durch 5 ml/1 TL geriebene Orangenschale ersetzen.

Glühwein Ananas

Serviert 8

225 g/8 oz/1 Tasse Streuzucker (superfeiner) Zucker

150 ml/¼ pt/2/3 Tasse kaltes Wasser

1 große frische Ananas

6 ganze Nelken

5 cm/2 Stück Zimtstange

1,5 ml/¼ TL geriebene Muskatnuss

60 ml/4 EL halbtrockener Sherry

15 ml/1 EL dunkler Rum

Kekse (Kekse), zum Servieren

Zucker und Wasser in eine 2,5-Liter-Schüssel geben und gut umrühren. Mit einem großen umgedrehten Teller abdecken und 8 Minuten lang auf Vollgas kochen, um einen Sirup herzustellen. In der Zwischenzeit die Ananas schälen, entkernen und die „Augen" mit der

Spitze eines Kartoffelschälers entfernen. In Scheiben schneiden, dann die Scheiben in Stücke schneiden. Mit den restlichen Zutaten zum Sirup geben. Mit Frischhaltefolie (Plastikfolie) abdecken und zweimal aufschlitzen, damit der Dampf entweichen kann. 10 Minuten auf voller Stufe garen, dabei die Schüssel dreimal wenden. Lassen Sie es 8 Minuten stehen, bevor Sie es in Gerichte löffeln und mit knusprigen Butterkeksen essen.

Glühende Sharon-Frucht

Serviert 8

Zubereiten wie für Glühananas, aber die Ananas durch 8 geviertelte Sharon-Früchte ersetzen. Nachdem Sie den Sirup mit den anderen Zutaten hinzugefügt haben, kochen Sie ihn nur 5 Minuten lang auf Voll. Statt mit Rum mit Brandy abschmecken.

Glühpfirsiche

Serviert 8

Wie Glühananas zubereiten, aber die Ananas durch 8 große halbierte und entkernte Pfirsiche ersetzen. Nachdem Sie den Sirup mit den anderen Zutaten hinzugefügt haben, kochen Sie ihn nur 5 Minuten lang auf Voll. Statt Rum mit einem Orangenlikör abschmecken.

Rosa Birnen

Serviert 6

450 ml/¾ pt/2 Tassen Roséwein

75 g/3 oz/1/3 Tasse Streuzucker (superfeiner) Zucker

6 Tafelbirnen, Strunk belassen

30 ml/2 EL Speisestärke (Maisstärke)

45 ml/3 EL kaltes Wasser

45 ml/3 EL Tawny Port

Gießen Sie den Wein in eine tiefe Schüssel, die groß genug ist, um alle Birnen auf ihren Seiten in einer einzigen Schicht aufzunehmen. Den Zucker zugeben und gut verrühren. Ohne Deckel 3 Minuten auf Vollgas garen. In der Zwischenzeit die Birnen schälen, dabei darauf achten, dass die Stiele nicht verloren gehen. Auf den Seiten in der Wein-Zucker-Mischung anrichten. Mit Frischhaltefolie (Plastikfolie) abdecken und zweimal aufschlitzen, damit der Dampf entweichen kann. 4 Minuten auf Vollgas garen. Die Birnen mit zwei Löffeln wenden. Wie zuvor abdecken und weitere 4 Minuten auf Vollgas garen. 5 Minuten stehen lassen. Aufrecht in der Servierschale anrichten. Zum Andicken der Sauce die Speisestärke glatt mit dem Wasser verrühren und den Portwein unterrühren. In die Weinmischung einrühren. Kochen Sie ohne Deckel 5 Minuten lang auf Vollgas und rühren Sie jede Minute kräftig um, bis es leicht eingedickt und klar ist. Über die Birnen gießen und warm oder gekühlt servieren.

Weihnachtspudding

Ergibt 2 Puddings für jeweils 6–8 Portionen

65 g/2½ oz einfaches (Allzweck-)Mehl
15 ml/1 EL Kakaopulver (ungesüßte Schokolade).
10 ml/2 TL gemischtes (Apfelkuchen-)Gewürz oder gemahlener Piment
5 ml/1 TL geriebene Orangen- oder Mandarinenschale
75 g/3 oz/1½ Tassen frische braune Semmelbrösel
125 g/4 oz/½ Tasse dunkler weicher brauner Zucker
450 g/1 lb/4 Tassen gemischte Trockenfrüchte (Obstkuchenmischung)
mit Schale
125 g/4 oz/1 Tasse geschredderter Talg (vegetarisch, falls bevorzugt)
2 große Eier, bei Küchentemperatur

15 ml/1 EL schwarzer Sirup (Melasse)
60 ml/4 EL Guinness
15 ml/1 EL Milch

Fetten Sie zwei 900 ml/1½ pt/3¾ Tassen Puddingschalen gründlich ein. Mehl, Kakao und Gewürze in eine große Schüssel sieben. Schale, Semmelbrösel, Zucker, Obst und Talg darin schwenken. In einer separaten Schüssel Eier, Sirup, Guinness und Milch verquirlen. Mit einer Gabel unter die trockenen Zutaten rühren, bis eine weiche Mischung entsteht. Gleichmäßig auf die vorbereiteten Becken verteilen. Jeweils locker mit Küchenpapier abdecken. Kochen Sie nacheinander 4 Minuten lang auf Voll. 3 Minuten in der Mikrowelle stehen lassen. Kochen Sie jeden Pudding für weitere 2 Minuten auf Full. Nach dem Abkühlen aus den Becken stürzen. Wenn es kalt ist, wickeln Sie es in doppelt dickes fettdichtes (gewachstes) Papier und frieren Sie es ein, bis es benötigt wird. Zum Servieren vollständig auftauen, portionieren und einzeln auf Tellern 50–60 Sekunden erhitzen.

Butter-Pflaumenpudding

Ergibt 2 Puddings für jeweils 6–8 Portionen

Wie Christmas Pudding zubereiten, aber den Talg durch 125 g/4 oz/½ Tasse geschmolzene Butter ersetzen.

Pflaumenpudding mit Öl

Ergibt 2 Puddings für jeweils 6–8 Portionen

Wie Christmas Pudding zubereiten, jedoch den Talg durch 75 ml/5 EL Sonnenblumen- oder Maisöl ersetzen. Fügen Sie zusätzlich 15 ml/1 EL Milch hinzu.

Fruchtsoufflé in Gläsern

Serviert 6

400 g/14 oz/1 große Dose Beliebige Fruchtfüllung
3 Eier, getrennt
90 ml/6 EL ungeschlagene Schlagsahne

Die Fruchtfüllung in eine Schüssel geben und die Eigelbe unterrühren. Das Eiweiß zu steifem Schnee schlagen und leicht unter die Fruchtmischung heben, bis alles gut vermischt ist. Die Mischung gleichmäßig in sechs Stielweingläser (keine Kristallgläser) füllen, bis sie halb gefüllt sind. Paarweise auf Auftauen für 3 Minuten garen. Die Mischung sollte bis zum oberen Rand jedes Glases steigen, fällt aber leicht ab, wenn sie aus dem Ofen genommen wird. Mit einem Messer jeweils oben einen Schlitz machen. Jeweils 15 ml/1 EL Sahne darauf verteilen. Es fließt an den Seiten der Gläser hinunter zu den Basen. Sofort servieren.

Fast Instant Christmas Pudding

Ergibt 2 Puddings zu je 8 Portionen

Absolut hervorragend, erstaunlich reich im Geschmack, tief getönt, fruchtig und schnell reifend, sodass sie nicht Wochen im Voraus hergestellt werden müssen. Fruchtfüllung aus der Dose ist hier die treibende Kraft und macht den unfehlbaren Erfolg der Puddings aus.

225 g/8 oz/4 Tassen frische weiße Semmelbrösel

125 g/4 oz/1 Tasse einfaches (Allzweck-)Mehl

12,5 ml/2½ TL gemahlener Piment

175 g/6 oz/¾ Tasse dunkler weicher brauner Zucker

275 g/10 oz/2¼ Tassen fein geschredderter Talg (auf Wunsch auch vegetarisch)

675 g/1½ lb/4 Tassen gemischte Trockenfrüchte (Obstkuchenmischung)

3 Eier, gründlich geschlagen

400 g/14 oz/1 große Dose Kirschfruchtfüllung

30 ml/2 EL schwarzer Sirup (Melasse)

Dutch Butter Blender Cream oder Schlagsahne zum Servieren.

Fetten Sie zwei 900 ml/1½ pt/3¾ Tassen Puddingschalen gründlich ein. Die Semmelbrösel in eine Schüssel geben und das Mehl und den Piment sieben. Zucker, Talg und Trockenfrüchte zugeben. Mit Eiern, Fruchtfüllung und Sirup zu einer ziemlich weichen Masse verrühren. Auf die vorbereiteten Becken verteilen und jeweils locker mit

Küchenpapier abdecken. Kochen Sie nacheinander 6 Minuten lang auf Voll. 5 Minuten in der Mikrowelle stehen lassen. Kochen Sie jeden Pudding für weitere 3 Minuten auf Full, wobei Sie das Becken zweimal umdrehen. Nach dem Abkühlen aus den Becken stürzen. Wenn es kalt ist, in fettdichtes (gewachstes) Papier wickeln und bis zur Verwendung im Kühlschrank aufbewahren. In Portionen schneiden und wie in der Fertiggerichttabelle angegeben aufwärmen. Mit Schlagsahne oder Schlagsahne servieren.

Ultra-fruchtiger Weihnachtspudding

Für 8–10 Personen

Ein Oldie von Billington's Sugar, bei dem Butter oder Margarine den Zucker ersetzen.

75 g/3 oz/¾ Tasse einfaches (Allzweck-)Mehl

7,5 ml/1½ TL gemahlener Piment

40 g/1½ oz/¾ Tasse Vollkornpaniermehl

75 g Demerara-Zucker

75 g/3 oz/1/3 Melassezucker

125 g/4 oz/2/3 Tasse Johannisbeeren

125 g/4 oz/2/3 Tasse Sultaninen (goldene Rosinen)

125 g/4 oz/2/3 Tasse getrocknete Aprikosen, in kleine Stücke geschnitten

45 ml/3 EL gehackte geröstete Haselnüsse

1 kleiner Essapfel (Dessert), geschält und gerieben

Fein geriebene Schale und Saft von 1 kleinen Orange

50 ml/2 fl oz/3½ EL kalte Milch

75 g/3 oz/1/3 Tasse Butter oder Margarine

50 g/2 oz Zartbitterschokolade, in Stücke gebrochen

1 großes Ei, geschlagen

Brandy-Sauce

Buttern Sie eine 900 ml/1½ pt/3¾ Tassen Puddingform gründlich mit Butter ein. Mehl und Gewürze in eine große Schüssel sieben. Die Semmelbrösel und den Zucker hinzufügen und schwenken, um sicherzustellen, dass alle Klümpchen zerkleinert werden. Getrocknete Johannisbeeren, Sultaninen, Aprikosen, Nüsse, Apfel und Orangenschale untermischen. Gießen Sie den Orangensaft in einen

Krug. Fügen Sie die Milch, Butter oder Margarine und die Schokolade hinzu. Auftauen für 2½–3 Minuten erhitzen, bis Butter und Schokolade geschmolzen sind. Mit dem geschlagenen Ei in die trockenen Zutaten geben. In das vorbereitete Becken geben. Decken Sie es locker mit einem Stück Pergament oder fettdichtem (gewachstem) Papier ab. 5 Minuten auf voller Stufe garen, dabei das Becken zweimal umdrehen. 5 Minuten stehen lassen. Weitere 5 Minuten auf Vollgas garen, dabei das Becken zweimal umdrehen. Lassen Sie es 5 Minuten stehen, bevor Sie es auf einen Teller stürzen und mit Brandy-Sauce servieren.

Pflaumencrumble

Serviert 4

450 g entkernte Pflaumen
125 g/4 oz/½ Tasse weicher brauner Zucker
175 g/6 oz/1½ Tassen einfaches (Allzweck-)Vollkornmehl
125 g Butter oder Margarine
75 g Demerara-Zucker
2,5 ml/½ TL gemahlener Piment (optional)

Legen Sie die Pflaumen in eine gebutterte 1 Liter/1¾ pt/4¼ Tasse Tortenform. Zucker untermischen. Das Mehl in eine Schüssel geben und die Butter oder Margarine fein einreiben. Zucker und Gewürze dazugeben und verrühren. Streuen Sie die Mischung dick über die Früchte. Kochen Sie ohne Deckel 10 Minuten lang auf Vollgas, wobei

Sie die Schüssel zweimal wenden. 5 Minuten stehen lassen. Heiß oder warm essen.

Pflaumen- und Apfel-Crumble

Serviert 4

Wie Plum Crumble zubereiten, aber die Hälfte der Pflaumen durch 225 g geschälte und in Scheiben geschnittene Äpfel ersetzen. 5 ml/1 TL abgeriebene Zitronenschale mit dem Zucker zu den Früchten geben.

Aprikosen-Crumble

Serviert 4

Wie Plum Crumble zubereiten, aber Pflaumen durch entkernte frische Aprikosen ersetzen.

Beeren-Frucht-Crumble mit Mandeln

Serviert 4

Zubereiten wie Pflaumen-Crumble, aber Pflaumen durch vorbereitete gemischte Beerenfrüchte ersetzen. 30 ml/2 EL geröstete Mandelblättchen zur Streuselmischung geben.

Birnen-Rhabarber-Crumble

Serviert 4

Zubereiten wie Plum Crumble, aber die Pflaumen durch eine Mischung aus geschälten und gehackten Birnen und gehacktem Rhabarber ersetzen.

Nektarinen- und Heidelbeer-Crumble

Serviert 4

Wie Plum Crumble zubereiten, aber die Pflaumen durch eine Mischung aus entkernten und geschnittenen Nektarinen und Blaubeeren ersetzen.

Apfel Betty

Für 4–6 Portionen

50 g Butter oder Margarine

125 g/4 oz/2 Tassen knusprige Semmelbrösel, gekauft oder aus Toast gemacht

175 g/6 oz/¾ Tasse heller weicher brauner Zucker

750 g Bratäpfel, geschält, entkernt und in dünne Scheiben geschnitten

30 ml/2 EL Zitronensaft

Abgeriebene Schale von 1 kleinen Zitrone

2,5 ml/½ TL gemahlener Zimt

75 ml/5 EL kaltes Wasser

Doppelte (schwere) Sahne, Schlagsahne oder Eiscreme zum Servieren

Eine Kuchenform von 600 ml/1 Pt/2½ Tassen mit Butter bestreichen. Butter oder Margarine 45 Sekunden lang auf Vollgas schmelzen. Semmelbrösel und zwei Drittel des Zuckers unterrühren. Apfelspalten, Zitronensaft, Zitronenschale, Zimt, Wasser und restlichen Zucker mischen. Füllen Sie die vorbereitete Kuchenform abwechselnd mit der Semmelbrösel-Apfel-Mischung, beginnend und endend mit Semmelbröseln. Kochen Sie ohne Deckel 7 Minuten lang auf Vollgas,

wobei Sie die Schüssel zweimal wenden. Lassen Sie es 5 Minuten
stehen, bevor Sie es mit dicker Sahne oder Eiscreme essen.

Nektarine oder Pfirsich Betty

Für 4–6 Portionen

Wie für Apple Betty zubereiten, aber die Äpfel durch geschnittene,
entkernte Nektarinen oder Pfirsiche ersetzen.

Nahöstlicher Shred Pudding mit Nüssen

Serviert 6

*Dies ist ein feiner Pudding aus dem, was einst als Arabien bekannt
war. Das Orangenblütenwasser ist in einigen Supermärkten und
Apotheken erhältlich.*

6 große Weizenschrote
100 g/3½ oz/1 Tasse geröstete Pinienkerne
125 g/4 oz/½ Tasse Streuzucker (superfeiner) Zucker
150 ml/¼ Pt/2/3 Tasse Vollmilch
50 g Butter (keine Margarine)
45 ml/3 EL Orangenblütenwasser

Buttern Sie eine tiefe Schüssel mit 20 cm Durchmesser und bröseln
Sie 3 der geriebenen Weizenkörner über den Boden. Nüsse und Zucker
mischen und gleichmäßig darüber streuen. Crush über die restlichen
Shredded Wheats. Milch und Butter in einem Krug ohne Deckel 1½
Minuten lang auf Vollgas erhitzen. Orangenblütenwasser

untermischen. Vorsichtig über die Zutaten in der Schüssel geben. Ohne Deckel 6 Minuten auf Vollgas garen. Vor dem Servieren 2 Minuten stehen lassen.

Cocktail aus Sommerfrüchten

Serviert 8

225 g/8 oz/2 Tassen Stachelbeeren, getoppt und mit Schwanz
225 g Rhabarber, gehackt
30 ml/2 EL kaltes Wasser
250 g/8 oz/1 Tasse Streuzucker (superfeiner) Zucker
450 g Erdbeeren, in Scheiben geschnitten
125 g Himbeeren
125 g/4 oz rote Johannisbeeren, Stiele entfernt
30 ml/2 EL Cassis- oder Orangenlikör (optional)

Stachelbeeren und Rhabarber mit dem Wasser in einen tiefen Teller geben. Mit Frischhaltefolie (Plastikfolie) abdecken und zweimal aufschlitzen, damit der Dampf entweichen kann. 6 Minuten auf voller Stufe garen, dabei die Schüssel einmal wenden. Aufdecken. Fügen Sie den Zucker hinzu und rühren Sie, bis er sich aufgelöst hat. Übriges Obst untermischen. Nach dem Erkalten zudecken und gründlich

194

kühlen. Fügen Sie den Cassis oder Likör, falls verwendet, kurz vor
dem Servieren hinzu.

Nahöstliche Dattel und Bananenkompott

Serviert 6

*Frische Datteln, normalerweise aus Israel, sind im Winter leicht
erhältlich.*

450 g frische Datteln

450 g Bananen

Saft von ½ Zitrone

Saft von ½ Orange

45 ml/3 EL Orangen- oder Aprikosenbrand

15 ml/1 EL Rosenwasser

30 ml/2 EL Demerara-Zucker

Rührkuchen, zum Servieren

Die Datteln häuten und halbieren, um die Kerne (Gruben) zu
entfernen. In eine 1,75 Liter große Servierschüssel geben. Die

Bananen schälen und direkt auf die Oberseite schneiden. Fügen Sie alle restlichen Zutaten hinzu und mischen Sie sie vorsichtig. Mit Frischhaltefolie (Plastikfolie) abdecken und zweimal aufschlitzen, damit der Dampf entweichen kann. 6 Minuten auf voller Stufe garen, dabei die Schüssel zweimal wenden. Warm essen mit Biskuitkuchen.

Gemischter Trockenobstsalat

Serviert 4

225 g gemischte Trockenfrüchte wie Apfelringe, Aprikosen, Pfirsiche,
Birnen, Pflaumen
300 ml/½ pt/1¼ Tassen kochendes Wasser
50 g Kristallzucker
10 ml/2 TL fein abgeriebene Zitronenschale
Dicker Naturjoghurt zum Servieren

Waschen Sie die Früchte gründlich und geben Sie sie in eine 1,25-Liter-Schüssel. Wasser und Zucker einrühren. Mit einem Teller abdecken und 4 Stunden quellen lassen. In die Mikrowelle geben und etwa 20 Minuten lang auf Vollgas garen, bis die Früchte weich sind.

Zitronenschale unterrühren und warm mit dickflüssigem Joghurt
servieren.

Schwerfälliger Apfel- und Brombeerpudding

Serviert 6

Etwas geschmolzene Butter

275 g/10 oz/2¼ Tassen selbstaufgehendes (selbstaufgehendes) Mehl

150 g Butter oder Margarine bei Küchentemperatur

125 g/4 oz/½ Tasse weicher brauner Zucker

2 Eier, geschlagen

400 g/14 oz/1 große Dose Apfel-Brombeer-Fruchtfüllung

45 ml/3 EL kalte Milch

Sahne oder Pudding zum Servieren

Eine runde Auflaufform von 1,25 Liter/2¼ Pt/5½ Tassen mit der
geschmolzenen Butter auspinseln. Das Mehl in eine Schüssel sieben

und die Butter oder Margarine fein einreiben. Den Zucker hinzufügen und mit den Eiern, der Fruchtfüllung und der Milch unter kräftigem Rühren ohne zu schlagen zu einer weichen Masse verrühren. Gleichmäßig in der vorbereiteten Schüssel verteilen. Ohne Deckel 9 Minuten auf Vollgas garen, dabei dreimal wenden. 5 Minuten stehen lassen. In eine vorgewärmte flache Schüssel stürzen. Zum Servieren mit Sahne oder Pudding auf Teller geben.

Zitroniger Brombeerpudding

Serviert 4

Etwas geschmolzene Butter

225 g/8 oz/2 Tassen Brombeeren, zerkleinert

Fein abgeriebene Schale und Saft von 1 Zitrone

225 g/8 oz/2 Tassen selbstaufgehendes (selbstaufgehendes) Mehl

125 g Butter oder Margarine

100 g/3½ oz/knapp ½ Tasse dunkel weicher brauner Zucker

2 Eier, geschlagen

60 ml/4 EL kalte Milch

Sahne, Eis oder Zitronensorbet zum Servieren

Eine tiefe Schüssel mit 18 cm Durchmesser mit geschmolzener Butter auspinseln. Die Brombeeren mit der Zitronenschale und dem Saft mischen und beiseite stellen. Das Mehl in eine Schüssel sieben. Butter und Zucker einreiben. Mit zerdrückten Früchten, Eiern und Milch zu einer weichen Konsistenz verrühren. Glatt in der vorbereiteten Schüssel verteilen. Ohne Deckel 7–8 Minuten auf Vollgas kochen, bis der Pudding auf die Oberfläche der Form gestiegen ist und die Oberfläche keine glänzenden Flecken aufweist. 5 Minuten stehen lassen, währenddessen der Pudding leicht abfällt. Ränder mit einem Messer lösen und auf einen vorgewärmten Teller stürzen. Warm mit Sahne, Eis oder Zitronensorbet essen.

Zitronen-Himbeer-Pudding

Serviert 4

Zubereiten wie Lemony Bramble Pudding, aber Brombeeren durch Himbeeren ersetzen.

Aprikosen-Walnuss-Upside-Down-Pudding

Serviert 8

Für den Pudding:

50 g Butter oder Margarine

50 g/2 oz/¼ Tasse heller weicher brauner Zucker

400 g Aprikosenhälften aus der Dose in Sirup, abgetropft und in Sirup

aufbewahrt

50 g Walnusshälften

Für den Belag:

225 g/8 oz/2 Tassen selbstaufgehendes (selbstaufgehendes) Mehl
200

125 g Butter oder Margarine

125 g/4 oz/½ Tasse Streuzucker (superfeiner) Zucker

Fein abgeriebene Schale von 1 Orange

2 Eier

75 ml/5 EL kalte Milch

2,5–5 ml/½–1 TL Mandelessenz (Extrakt)

Kaffeeeis zum Servieren

Für den Pudding den Boden und die Seiten einer tiefen Form mit 25 cm Durchmesser buttern. Butter oder Margarine hinzugeben. Unbedeckt schmelzen, auftauen für 2 Minuten. Den braunen Zucker so über die Butter streuen, dass sie den Boden der Form fast bedeckt. Aprikosenhälften mit den geschnittenen Seiten dekorativ auf dem Zucker anrichten und mit den Walnusshälften vermischen.

Für den Belag das Mehl in eine Schüssel sieben. Butter oder Margarine fein einmassieren. Zucker und Orangenschale dazugeben und vermengen. Die restlichen Zutaten gründlich verquirlen, dann die trockenen Zutaten mit einer Gabel vermischen, bis sie gleichmäßig vermischt sind. Glatt über die Früchte und Nüsse verteilen. Ohne Deckel 10 Minuten auf Vollgas garen. 5 Minuten stehen lassen, dann vorsichtig in eine flache Schüssel stürzen. Den reservierten Sirup 25 Sekunden lang auf Voll erhitzen. Den Pudding mit Kaffeeeis und dem warmen Sirup servieren.

Bananen Foster

Serviert 4

Aus New Orleans und benannt nach Dick Foster, der in den 1950er Jahren für die Aufräumarbeiten in der Stadt verantwortlich war. So geht die Geschichte.

25 g/1 oz/2 EL Butter oder Sonnenblumenmargarine
4 Bananen
45 ml/3 EL dunkler weicher brauner Zucker
1,5 ml/¼ TL gemahlener Zimt
5 ml/1 TL fein geriebene Orangenschale
60 ml/4 EL dunkler Rum

Die Butter in eine tiefe Schüssel mit 23 cm Durchmesser geben. Auftauen für 1½ Minuten schmelzen. Bananen schälen, längs halbieren, dann jede Hälfte in zwei Stücke schneiden. In der Form anrichten und mit Zucker, Zimt und Orangenschale bestreuen. Mit Frischhaltefolie (Plastikfolie) abdecken und zweimal aufschlitzen, damit der Dampf entweichen kann. 3 Minuten auf Vollgas garen. 1 Minute stehen lassen. Erhitzen Sie den Rum auf Defrost, bis er gerade noch warm ist. Den Rum mit einem Streichholz anzünden und über die unbedeckten Bananen gießen. Mit reichhaltigem Vanilleeis servieren.

Mississippi-Gewürzkuchen

Serviert 8

Für den Tortenboden (Tortenboden):
225 g/8 oz fertig zubereiteter Mürbeteig (Basis-Mürbeteig)
1 Eigelb

Für die Füllung:
450 g/1 lb gelbfleischige Süßkartoffeln mit rosa Schale, geschält und
gewürfelt
60 ml/4 EL kochendes Wasser

75 g/3 oz/1/3 Tasse Streuzucker (superfeiner) Zucker

10 ml/2 TL gemahlener Piment

3 große Eier

150 ml/¼ pt/2/3 Tasse kalte Milch

30 ml/2 EL geschmolzene Butter

Schlagsahne oder Vanilleeis zum Servieren

Für den Tortenboden den Teig dünn ausrollen und eine leicht gebutterte geriffelte Tortenform mit 23 cm Durchmesser auslegen. Mit einer Gabel überall gut einstechen, besonders dort, wo die Seite auf den Boden trifft. Ohne Deckel 6 Minuten lang auf Vollgas garen, dabei die Schüssel dreimal wenden. Wenn Wölbungen auftreten, drücken Sie vorsichtig mit den durch Ofenhandschuhe geschützten Fingern nach unten. Rundherum mit Eigelb bestreichen, um die Löcher zu verschließen. Ohne Deckel weitere 1 Minute auf Vollgas garen. Beiseite legen.

Für die Füllung die Kartoffeln in eine 1-Liter-Schüssel geben. Das kochende Wasser hinzufügen. Mit Frischhaltefolie (Plastikfolie) abdecken und zweimal aufschlitzen, damit der Dampf entweichen kann. 10 Minuten auf voller Stufe garen, dabei die Schüssel zweimal wenden. 5 Minuten stehen lassen. Abfluss. In eine Küchenmaschine oder einen Mixer geben und die restlichen Zutaten hinzufügen. Zu einem glatten Püree verarbeiten. Gleichmäßig in den gebackenen Teigförmchen verteilen. Ohne Deckel auf Auftauen 20–25 Minuten garen, bis die Füllung fest geworden ist, dabei die Form viermal wenden. Kühl bis lauwarm. In Portionen schneiden und mit weich geschlagener Sahne oder Vanilleeis servieren.

Jamaika-Pudding

Für 4–5 Personen

225 g/8 oz/2 Tassen selbstaufgehendes (selbstaufgehendes) Mehl
125 g/4 oz/½ Tasse Mischung aus weißem Speisefett (Backfett) und
Margarine
125 g/4 oz/½ Tasse Streuzucker (superfeiner) Zucker
2 große Eier, geschlagen
50 g/2 oz/¼ Tasse zerdrückte Ananas aus der Dose mit Sirup

15 ml/1 EL Kaffee- und Chicorée-Essenz (Extrakt) oder Kaffeelikör

Clotted Cream, zum Servieren

Eine 1,75 Liter/3 Pt/7½ Tassen Souffléform mit Butter bestreichen. Das Mehl in eine Schüssel sieben und die Fette fein einreiben. Zucker untermischen. Mit einer Gabel zu einer weichen Konsistenz mit den Eiern, der Ananas mit Sirup und Kaffeeessenz oder Likör verrühren. Glatt in der Form verteilen. Kochen Sie ohne Deckel 6 Minuten lang auf Vollgas, wobei Sie die Schüssel einmal wenden. Auf eine Servierplatte stürzen und 5 Minuten stehen lassen. Zurück zur Mikrowelle. Weitere 1–1½ Minuten auf Vollgas garen. Mit Clotted Cream servieren.

Kürbiskuchen

Serviert 8

Wird in Nordamerika jeden letzten Donnerstag im November gegessen, um Thanksgiving zu feiern.

Für den Tortenboden (Tortenboden):
225 g/8 oz fertig zubereiteter Mürbeteig (Basis-Mürbeteig)

1 Eigelb

Für die Füllung:

½ kleiner Kürbis oder eine Portion von 1,75 kg, entkernt

30 ml/2 EL schwarzer Sirup (Melasse)

175 g/6 oz/¾ Tasse heller weicher brauner Zucker

15 ml/1 EL Speisestärke (Maisstärke)

10 ml/2 TL gemahlener Piment

150 ml/¼ pt/2/3 Tasse doppelte (schwere) Sahne

3 Eier, geschlagen

Schlagsahne zum Servieren

Für den Tortenboden den Teig dünn ausrollen und eine leicht gebutterte geriffelte Tortenform mit 23 cm Durchmesser auslegen. Mit einer Gabel überall gut einstechen, besonders dort, wo die Seite auf den Boden trifft. Ohne Deckel 6 Minuten lang auf Vollgas garen, dabei die Schüssel dreimal wenden. Wenn Wölbungen auftreten, drücken Sie vorsichtig mit den durch Ofenhandschuhe geschützten Fingern nach unten. Rundherum mit Eigelb bestreichen, um die Löcher zu verschließen. Ohne Deckel weitere 1 Minute auf Vollgas garen. Beiseite legen.

Für die Füllung den Kürbis auf einen Teller geben. Ohne Deckel 15–18 Minuten bei Full garen, bis das Fruchtfleisch sehr weich ist. Von der Haut ablösen und lauwarm abkühlen lassen. Mit den restlichen Zutaten glatt rühren. In die noch in der Form befindliche Teigform geben. Ohne Deckel 20–30 Minuten auf Vollgas garen, bis die Füllung fest ist, dabei die Form viermal wenden. Warm mit Schlagsahne servieren. Wenn Sie es vorziehen, verwenden Sie 425 g/15 oz/2 Tassen Dosenkürbis anstelle von frischem.

Hafer-Sirup-Tarte

6–8 Portionen

Eine aktuelle Version von Sirup-Tarte.

Für den Tortenboden (Tortenboden):
225 g/8 oz fertig zubereiteter Mürbeteig (Basis-Mürbeteig)
1 Eigelb

Für die Füllung:
125 g/4 oz/2 Tassen geröstetes Müsli mit Früchten und Nüssen
75 ml/5 EL goldener (heller Mais) Sirup
15 ml/1 EL schwarzer Sirup (Melasse)
Schlagsahne zum Servieren

Für den Tortenboden den Teig dünn ausrollen und eine leicht gebutterte geriffelte Tortenform mit 23 cm Durchmesser auslegen. Mit einer Gabel überall gut einstechen, besonders dort, wo die Seite auf den Boden trifft. Ohne Deckel 6 Minuten lang auf Vollgas garen, dabei die Schüssel dreimal wenden. Wenn Wölbungen auftreten, drücken Sie vorsichtig mit den durch Ofenhandschuhe geschützten Fingern nach unten. Rundherum mit Eigelb bestreichen, um die Löcher zu verschließen. Ohne Deckel weitere 1 Minute auf Vollgas garen. Beiseite legen.

Für die Füllung Müsli, Sirup und Sirup mischen und in die gebackene Tortenform geben. Ohne Deckel 3 Minuten auf Vollgas garen. 2 Minuten stehen lassen. Ohne Deckel weitere 1 Minute auf Vollgas garen. Mit Sahne servieren.

Kokos-Schwamm-Flan

Für 8–10 Personen

Für den Tortenboden (Tortenboden):

225 g/8 oz fertig zubereiteter Mürbeteig (Basis-Mürbeteig)

1 Eigelb

Für die Füllung:

175 g/6 oz/1½ Tassen selbstaufgehendes (selbstaufgehendes) Mehl

75 g/3 oz/1/3 Tasse Butter oder Margarine

75 g/3 oz/1/3 Tasse Streuzucker (superfeiner) Zucker

75 ml/5 EL Kokosraspeln

2 Eier

5 ml/1 TL Vanilleessenz (Extrakt)

60 ml/4 EL kalte Milch

30 ml/2 EL Erdbeer- oder Johannisbeermarmelade (Konfitüre)

Für die Glasur (Zuckerguss):

225 g/8 oz/11/3 Tassen Puderzucker, gesiebt

Orangenblütenwasser

Für den Tortenboden den Teig dünn ausrollen und eine leicht gebutterte geriffelte Tortenform mit 23 cm Durchmesser auslegen. Mit einer Gabel überall gut einstechen, besonders dort, wo die Seite auf den Boden trifft. Ohne Deckel 6 Minuten lang auf Vollgas garen, dabei die Schüssel dreimal wenden. Wenn Wölbungen auftreten, drücken Sie vorsichtig mit den durch Ofenhandschuhe geschützten Fingern nach unten. Rundherum mit Eigelb bestreichen, um die Löcher zu verschließen. Ohne Deckel weitere 1 Minute auf Vollgas garen. Beiseite legen.

Für die Kokosfüllung das Mehl in eine Rührschüssel sieben. Butter oder Margarine einreiben. Zucker und Kokosnuss darin schwenken, dann mit Eiern, Vanille und Milch zu einem weichen Teig verrühren. Verteilen Sie die Marmelade auf dem Teigboden, der sich noch in seiner Schüssel befindet. Gleichmäßig mit der Kokosmischung bestreichen. Ohne Deckel 6 Minuten lang auf Vollgas garen, dabei die Schüssel viermal wenden. Der Flan ist fertig, wenn die Oberseite trocken aussieht und keine klebrigen Stellen zurückbleiben. Vollständig abkühlen lassen.

Für die Glasur den Puderzucker mit genügend Orangenblütenwasser mischen, um eine dickflüssige Glasur zu erhalten; Ein paar Teelöffel sollten ausreichen. Auf der Oberseite des Flans verteilen. Lassen Sie es vor dem Schneiden stehen, bis es fest ist.

Einfache Bakewell-Torte

Für 8–10 Personen

Zubereiten wie Kokos-Biskuit-Flan, aber Himbeermarmelade (Konfitüre) verwenden und die Kokosnuss durch gemahlene Mandeln ersetzen.

Krümelige Hackfleischpastete

Für 8–10 Personen

Für den Tortenboden (Tortenboden):
225 g/8 oz fertig zubereiteter Mürbeteig (Basis-Mürbeteig)
1 Eigelb

Für die Füllung:
350 g/12 oz/1 Tasse Hackfleisch

Für den Nuss-Crumble:
50 g Butter
125 g/4 oz/1 Tasse selbsttreibendes (selbstaufgehendes) Mehl, gesiebt
50 g Demerara-Zucker
5 ml/1 TL gemahlener Zimt
60 ml/4 EL fein gehackte Walnüsse

Dienen:
Schlagsahne, Pudding oder Eis

Für den Tortenboden den Teig dünn ausrollen und eine leicht gebutterte geriffelte Tortenform mit 23 cm Durchmesser auslegen. Mit einer Gabel überall gut einstechen, besonders dort, wo die Seite auf den Boden trifft. Ohne Deckel 6 Minuten lang auf Vollgas garen, dabei die Schüssel dreimal wenden. Wenn Wölbungen auftreten, drücken Sie vorsichtig mit den durch Ofenhandschuhe geschützten Fingern nach unten. Rundherum mit Eigelb bestreichen, um die

Löcher zu verschließen. Ohne Deckel weitere 1 Minute auf Vollgas garen. Beiseite legen.

Für die Füllung das Hackfleisch gleichmäßig in den gebackenen Wähenboden geben.

Für die Nussbrösel die Butter mit dem Mehl verreiben, dann Zucker, Zimt und Walnüsse unterrühren. Das Hackfleisch in einer gleichmäßigen Schicht andrücken. Unbedeckt lassen und 4 Minuten lang auf Vollgas backen, dabei den Kuchen zweimal wenden. 5 Minuten stehen lassen. In Stücke schneiden und heiß mit Schlagsahne, Pudding oder Eis servieren.

Brot-und Butterpudding

Serviert 4

Großbritanniens Lieblingspudding.

4 große Scheiben Weißbrot
50 g/2 oz/¼ Tasse Butter bei Küchentemperatur oder weicher
Butteraufstrich
50 g Johannisbeeren
50 g/2 oz/¼ Tasse Streuzucker (superfeiner) Zucker
600 ml/1 Pt/2½ Tassen kalte Milch
3 Eier
30 ml/2 EL Demerara-Zucker
Geriebene Muskatnuss

Lassen Sie die Krusten auf dem Brot. Jede Scheibe mit der Butter bestreichen und dann in vier Quadrate schneiden. Buttern Sie eine tiefe quadratische oder ovale Form mit 1,75 Liter/3 pt/7½ Tassen gründlich mit Butter ein. Die Hälfte der Brotquadrate mit den gebutterten Seiten nach oben auf dem Boden verteilen. Mit Johannisbeeren und Puderzucker bestreuen. Mit dem restlichen Brot bedecken, wieder mit gebutterten Seiten nach oben. Gießen Sie die Milch in einen Krug oder eine Schüssel. Warm, unbedeckt, auf Full für 3 Minuten. Die Eier gründlich unterschlagen. Langsam und vorsichtig über das Brot gießen. Mit Demerara-Zucker und Muskatnuss bestreuen. 30 Minuten stehen lassen, locker mit einem Stück fettdichtem (gewachstem) Papier bedeckt. Ohne Deckel 30 Minuten auf Auftauen garen. Die

Oberseite vor dem Servieren unter einem heißen Grill (Broiler)
knusprig braten.

Lemon Curd Brot und Butterpudding

Serviert 4

Wie Brot-Butter-Pudding zubereiten, aber das Brot mit Lemon Curd
statt Butter bestreichen.

Gebackener Eierpudding

Serviert 4

Hervorragend allein gegessen, mit jeder Art von Obstsalat-Kombination oder Cocktail aus Sommerfrüchten.

300 ml/½ Pt/1¼ Tassen einfache (leichte) Sahne oder Vollmilch

3 Eier

1 Eigelb

100 g/3½ oz/knapp ½ Tasse Streuzucker (superfeiner) Zucker

5 ml/1 TL Vanilleessenz (Extrakt)

2,5 ml/½ TL geriebene Muskatnuss

Buttern Sie eine 1 Liter/1¾ pt/4¼ Tassen Schüssel gründlich ein. Gießen Sie die Sahne oder Milch in einen Krug. Ohne Deckel 1½ Minuten auf Vollgas erhitzen. Alle restlichen Zutaten bis auf die Muskatnuss unterrühren. In eine Schüssel abseihen. In eine zweite 2-Liter-/3½-Pt-/8½-Tassen-Schüssel stellen. Gießen Sie kochendes Wasser in die größere Schüssel, bis es das Niveau der Creme in der kleineren Schüssel erreicht. Die Oberseite der Creme mit Muskatnuss bestreuen. Ohne Deckel 6–8 Minuten auf Vollgas garen, bis der Pudding gerade erst fest geworden ist. Aus der Mikrowelle nehmen und 7 Minuten stehen lassen. Heben Sie die Schüssel mit Pudding aus der größeren Schüssel und bleiben Sie stehen, bis die Mitte fest wird. Warm oder kalt servieren.

Grießpudding

Serviert 4

Kindergartennahrung, aber trotzdem bei allen beliebt.

50 g/2 oz/1/3 Tasse Grieß (Weizencreme)
50 g/2 oz/¼ Tasse Streuzucker (superfeiner) Zucker
600 ml/1 Pt/2½ Tassen Milch
10 ml/2 TL Butter oder Margarine

Den Grieß in eine Rührschüssel geben. Zucker und Milch unterrühren. Ohne Deckel 7–8 Minuten auf Vollgas kochen, dabei jede Minute gründlich umrühren, bis es kocht und eingedickt ist. Butter oder Margarine unterrühren. Transfer zum Serviergeschirr zum Essen.

Gemahlener Milchreis

Serviert 4

Wie Grießpudding zubereiten, aber Grieß (Weizencreme) durch gemahlenen Reis ersetzen.

Gedämpfter Talgsirup-Pudding

Serviert 4

45 ml/3 EL goldener (heller Mais) Sirup
125 g/4 oz/1 Tasse selbstaufgehendes (selbstaufgehendes) Mehl
50 g/2 oz/½ Tasse geschredderter Talg (auf Wunsch auch vegetarisch)
50 g/2 oz/¼ Tasse Streuzucker (superfeiner) Zucker

1 Ei

5 ml/1 TL Vanilleessenz (Extrakt)

90 ml/6 EL kalte Milch

Fetten Sie eine 1,25 Liter/2¼ Pt/5½ Tassen Puddingschüssel gründlich ein. Den Sirup einfüllen, bis er den Boden bedeckt. Das Mehl in eine Schüssel sieben und mit dem Talg und dem Zucker vermischen. Ei, Vanilleessenz und Milch gründlich verquirlen, dann die trockenen Zutaten unterheben. Löffel in das Becken. Ohne Deckel 4–4½ Minuten auf Vollgas kochen, bis der Pudding aufgegangen ist und die Oberseite des Beckens erreicht hat. 2 Minuten stehen lassen. Herausheben und auf vier Teller verteilen. Mit jeder süßen Dessertsauce servieren.

Marmelade oder Honigpudding

Serviert 4

Bereiten Sie ihn wie gedämpften Suet Melassepudding zu, aber ersetzen Sie den Sirup durch Marmelade oder Honig.

Ingwerpudding

Serviert 4

Zubereitung wie Gedämpfter Suet Melassepudding, aber 10 ml/2 TL gemahlener Ingwer mit dem Mehl sieben.

Marmeladen-Biskuitpudding

Serviert 4

45 ml/3 EL Himbeermarmelade (Konfitüre)
175 g/6 oz/1½ Tassen selbstaufgehendes (selbstaufgehendes) Mehl
75 g/3 oz/1/3 Tasse Butter oder Margarine
75 g/3 oz/1/3 Tasse Streuzucker (superfeiner) Zucker
2 Eier
45 ml/3 EL kalte Milch
5 ml/1 TL Vanilleessenz (Extrakt)
Schlagsahne oder Pudding zum Servieren

Die Marmelade in eine gut gefettete 1,5-Liter-Puddingschüssel geben. Das Mehl in eine Schüssel sieben. Butter oder Margarine fein